Sommario

Come ho affrontato il trasferimento all'estero

Testi: **Stefano Piergiovanni**

Immagine copertina: http://pixabay.com/

Editing: M.Daniela Peroni e Giovanna Raimondi

www.viviallestero.com

Un aiuto per andare a vivere e lavorare all'estero

PREFAZIONE

Anche se ognuno ha il proprio modo di affrontare i cambiamenti ed ha un atteggiamento diverso nei confronti delle sfide, leggere le esperienze altrui può tornare utile per carpire alcuni segreti o cogliere qualche sfumatura particolare.

Per questo motivo ho deciso di scrivere "Come ho affrontato il trasferimento all'estero" dove vi racconto la mia esperienza in Irlanda: dal momento in cui ho preso la decisione di lasciare tutto e partire, fino al momento in cui ho poi deciso di mettere la parola fine a questo stupendo periodo.

Nel mezzo ci sono stati i tre anni che mi hanno totalmente cambiato la vita.

Ero e sono tutt'ora un ragazzo normalissimo, come la maggior parte di voi che in questo momento state leggendo: avevo un lavoro che a livello economico non mi soddisfaceva troppo, ma avevo una bella ragazza, tanti amici che conosco dalle scuole elementari e una famiglia che adoro.

Eppure un bel giorno ho deciso che era il momento di lasciare tutto e partire.

Partire per qualcosa che rappresentava un'enorme sfida; non avevo nulla "in mano" se non la mia valigia e un divano dove dormire. Non avevo un lavoro, non avevo una casa e non avevo un folto gruppo di amici ad aspettarmi.

Ero solo contro tutti.

In questo libro cerco di raccontare le mie sensazioni, le paure, le tecniche che ho utilizzato per migliorarmi, i miei successi, le mie delusioni, i timori, i cambiamenti, i miei errori e tutto ciò che mi è capitato in questi tre anni così pieni di avvenimenti.

Come potrete leggere, spesso mi è successo di fermarmi e "guardare indietro".

Pensare a come sarebbe potuta essere la mia vita senza aver avuto quel coraggio di lasciare tutto, mi fa sentire come coloro che hanno scampato un grosso rischio…il rischio di vivere una vita che non mi piaceva.

E' stata molto dura, è vero, ma è stata la scelta migliore della mia vita.

Vi invito a leggere ciò che ho scritto fino all'ultima pagina, così da poter capire come, vivendo un'esperienza di questo genere, possa ogni giorno capitare qualcosa che ti cambia la vita per sempre. Possiamo paragonarla allo scalare di una montagna molto ripida: la salita è dura, spesso ti viene voglia di lasciar perdere e di tornare indietro, ma se riesci a resistere, allora riuscirai a vedere un paesaggio mozzafiato e sarai contentissimo di non aver mollato. Non solo, sarai così entusiasta della vista e di te stesso, che non vorrai più scendere, perché una volta che scopri di essere capace di vedere il mondo dal punto più alto, non ti accontenterai più di ciò che vedevi prima.

Buona lettura!

LA DECISIONE DI PARTIRE

È da otto mesi che lavoro per l'agenzia di viaggio dei miei amici. Questa occupazione mi soddisfa molto; la qualità del lavoro è molto appagante; tutti i giorni parlo di viaggi, offro consigli su dove poter passare al meglio le vacanze e quando qualche cliente mi chiede informazioni sulle località dove ho già vissuto, divento un fiume di parole. Spesso, dopo la vacanza, queste persone tornano in agenzia per ringraziarmi dei consigli e delle "dritte" che gli avevo dato. Ci sono però degli aspetti della mia vita che non mi piacciono affatto. Il primo è prettamente economico. Lo stipendio non arriva ai mille euro; ciò mi costringe a vivere ancora a casa dei miei genitori e soprattutto non mi permette di progettare un futuro. Parlo col proprietario dell'agenzia, che è anche un mio amico, il quale mi spiega in totale onestà che non si può permettere di aumentarmi lo stipendio, ma anzi c'è la possibilità che in futuro debba addirittura ridurlo in quanto la crisi economica si sta facendo sentire, specialmente nel settore dei viaggi.

Un altro aspetto che non mi soddisfa è quello delle reali opportunità di crescita personale e professionale che questo lavoro mi può offrire.

L'agenzia è piccola, quello che dovevo imparare l'ho già imparato e, per il mio modo di ragionare, sento che non posso continuare così ancora per molto. Anche la mia vita extra lavorativa non mi rende totalmente felice. La mia quotidianità è "piatta", la classica situazione di chi vive in una città con poco meno di 50.000 abitanti che, nonostante d'estate abbia un discreto afflusso turistico, non mi permette di incontrare persone di altre nazioni o di altre culture. Quando mi capita di conoscere uno straniero, sento dentro me una sorta di felicità dovuta sia alla possibilità di esprimermi in un'altra lingua, sia alla consapevolezza di poter conoscere persone con mentalità diverse dalle quali apprendere qualcosa di nuovo. In queste occasioni mi sento vivo e mi rendo conto che non posso lasciare che siano gli altri a scegliere quando e come conoscere nuove persone, devo essere io il protagonista della mia vita!

Voglio essere io ad avere il merito o la colpa delle cose che mi capitano.

Quando dico ai miei amici che voglio ripartire, mi prendono per pazzo: un lavoro ce l'ho, cosa che pochi possono dire; un lavoro che mi piace ce l'ho, cosa che ancora meno persone possono dire; vivo con i miei come l'80% di loro ed una sorta di ragazza ce l'ho. Cosa chiedere di più? Eppure per me non è abbastanza, non mi sento soddisfatto e non posso subire passivamente questa situazione. Non voglio restare fermo sperando in un "miracolo", voglio fare qualcosa e subito.

Mi capita spesso di sentire persone che si lamentano della loro situazione lavorativa e che però non fanno nulla per migliorarla. Aspettano e sperano che qualcosa cambi, oppure cominciano a farsi piacere ciò che in realtà non gli piace. Non riesco veramente a capire come un giovane, ma anche un meno giovane, possa affidare la propria soddisfazione professionale alle remote possibilità che l'azienda per cui lavora gli possa offrire in futuro, tenendo conto che la "soddisfazione professionale" incide molto sulla felicità in generale. Questa passività non fa parte del mio carattere, devo essere io a migliorare la mia situazione, devo essere io a pianificare il mio futuro e devo essere io a poter scegliere cosa voglio e cosa non voglio fare. Se non ragionassi così, mi sentirei come un tennista che invece di allenarsi quotidianamente per migliorarsi e cercare di vincere il torneo, restasse in attesa dell'infortunio degli avversari, mentre continua a lamentarsi della sua cattiva sorte…

Nonostante questi pensieri, però, la mia vita continua sempre allo stesso modo. La decisione di partire tarda ad arrivare, forse anche perché la ragazza che sto frequentando in questo periodo mi piace molto e vive nella mia stessa città.

Un giorno, durante una delle mie crisi in cui vorrei fare la valigia ed andarmene in fretta, decido di consultare il sito della compagnia low cost Ryanair. Vedo che a metà Gennaio dell'anno che sta per iniziare c'è un volo Forlì Dublino a soli 15 euro. Non ci penso nemmeno un secondo, tiro fuori la carta prepagata di cui dispongo e lo prenoto, tanto, male che vada, avrò buttato 15 euro nel cestino... cosa che spesso capita anche per cose meno importanti del sognare un'esperienza di vita all'estero.

Nonostante abbia sempre a disposizione l'opzione di non utilizzare il volo comprato, capisco sin da subito che su quel volo ci salirò e non sarà una partenza qualsiasi, ma saprò trasformarla nella partenza più importante della mia vita!

LA COMUNICAZIONE DELLA PARTENZA

La prima persona alla quale comunico la mia intenzione di voler partire è la mia ragazza. Chiamarla "mia ragazza" forse è un po' eccessivo in quanto il nostro rapporto è abbastanza particolare, dopotutto da due persone particolari non ti puoi aspettare un rapporto normale (sempre che esista una normalità). Lei è fondamentalmente una viaggiatrice, ma sono anni che non viaggia e non vive all'estero; diciamo che è una leonessa in gabbia. È anche questo suo amore per la vita all'estero che ci fa andare molto d'accordo, ma poi altre dinamiche rendono il nostro rapporto molto conflittuale e difficoltoso. Forse anche queste difficoltà hanno inciso sulla mia decisione di cambiare aria (chissà che un giorno non senta la necessità di ringraziarla per essere stata così dolcemente insopportabile ahahha).

Siamo seduti sul divano di casa sua come in tante altre occasioni. La casa è molto carina, arredata con originalità, piena di quadri dei suoi viaggi e di oggetti comprati nei piccoli mercati artigianali. L'arredamento rispecchia molto il suo carattere libero. Uno dei punti che più piace di questa casa è la libreria situata giusto dietro il divano. È una di quelle librerie che non hanno la parete dietro, ovvero riesci a vedere da parte a parte. L'aveva riempita di libri scritti in diverse lingue e li aveva posizionati in base al colore della copertina, così da formare una parete ben colorata. Mi piace regalarle dei libri per essere partecipe a questo mosaico. Abbiamo appena finito di vedere un film, siamo in una posizione che è una via di mezzo fra un incastro stile tetris ed un abbraccio. In un attimo di silenzio prendo fiato e trovo il coraggio: "Parto. Ho comprato il biglietto di sola andata per Dublino, partirò poco dopo la fine delle vacanze natalizie".

Il coraggio di cui avevo bisogno non era soltanto quello di dirlo ad una persona che probabilmente ne avrebbe sofferto, ma anche e soprattutto quello di rendere una mia decisione privata, pubblica. Ora non sono più l'unico a saperlo, ma lo sa anche qualcun altro e quindi in caso di ripensamenti o di non riuscita del mio progetto, so che ci sarebbe qualcuno che mi chiederebbe spiegazioni o potrebbe rinfacciarmelo in futuro.

Per lei questa mia decisione fu un fulmine a ciel sereno, perché nonostante sapesse perfettamente che il mio desiderio di volermene andare era sempre presente e vivo, non avevo mai parlato apertamente di una reale volontà di organizzarmi, mai un segnale che facesse trapelare la mia concretezza nel trasformare un desiderio in realtà. In più lei si trova in una situazione molto particolare; il lavoro che svolge attualmente e il suo ex ragazzo nei confronti del quale si sente fortemente in colpa per averlo lasciato, le dà la consapevolezza che non potrà venire con me. Ci sarà una separazione, almeno fisica. Sul momento però lei non parla, forse pensa a tutto il tempo passato insieme. Dopo qualche minuto scoppia a piangere, ma le domande ed i perché li lascia ad un altro momento. Conoscendomi, sapeva che non sarebbe stata una partenza qualsiasi, ma che avrei cercato in tutti i modi di farla diventare un'esperienza per cambiare vita e non tornare più indietro.

Dopo averlo detto alla mia ragazza, è il turno dei miei genitori. Loro hanno sempre sostenuto ogni mia decisione, anche quelle sbagliate; mi hanno lasciato la libertà di commettere i miei errori dai quali poi ho imparato una lezione importante e utile in futuro. Li ringrazierò sempre per il loro comportamento nei miei confronti. Comunicare loro la mia decisione non mi spaventa affatto, anzi so di rendere felice mia madre che vede in me ciò che avrebbe voluto essere lei; quando era il suo momento c'era un'altra mentalità, soprattutto dei suoi genitori e dei miei nonni, per cui non è mai riuscita a vivere le esperienze che avrebbe voluto.

Anche se quindi l'idea di comunicarglielo non mi spaventa, cerco di farlo il più tardi possibile. Voglio che ci siano pochi giorni fra il mio comunicare questa importante decisione e la partenza. Non vorrei che qualcuno volontariamente o involontariamente possa darmi dei consigli, giusti o sbagliati che siano. Tutto ciò che decido deve essere farina del mio sacco.

Questo mio comportamento fa anche capire quanto sia testardo e determinato, ma con il senno di poi, credo pure che la mia filosofia di vita abbia dato i suoi frutti. Tutto ciò che di positivo o negativo ho ottenuto nella mia vita è solo per merito o colpa mia.

Andare a letto consapevole che gli eventuali errori commessi non lo saranno stati per una decisione di altri, ma solo per una mia scelta, mi fa dormire sonni più tranquilli.

Ora non mi resta altro da fare che decidere quando e come comunicarglielo... e quale occasione migliore del Natale?

La vigilia di Natale solitamente la passiamo a casa noi quattro: mio padre, mia madre, mia sorella ed io.

La cena è a base di pesce, come la tradizione vuole. Antipasto con tartine, polpettine di tonno, gamberi in salsa di cocktail, primo con tagliatelle ai frutti di mare e dolci natalizi a volontà. No, non ci abbuffiamo. Il "piatto" forte di questa serata non è il cibo, ma è la consegna e tutta la fase dell'apertura dei regali che ci siamo fatti a vicenda.

Per rendere questa fase più lunga ed appassionante, abbiamo da anni la consuetudine di fare un regalo importante a testa e poi tanti altri piccoli ed economici regali, tanto per avere qualche pacco in più da scartare. Ovviamente il regalo clou viene lasciato per ultimo.

L'idea di quest'anno è quella di comprare un biglietto aereo per mia madre e mio padre per Dublino. Non posso regalarlo anche a mia sorella, qualcuno deve rimanere a casa con mia nonna e visto quanto non ami volare, so che non ci rimarrà male.

Il modo in cui gli consegno il biglietto è abbastanza originale: prendo due scatole di scarpe della stessa forma, ripongo i biglietti sul fondo di ognuna delle due scatole, li ricopro di finta paglia e sopra metto qualcosa che a loro piace: stuzzichini salati per mia madre e cioccolatini per mio padre. Chiudo le scatole con i rispettivi coperchi ed impacchetto con carta natalizia quella di mia madre e con carta blu quella di mio padre così da distinguerli anche una volta impacchettati.

Sono le otto di sera del 24 Dicembre e ancora la mia famiglia non sa nulla della mia decisione. Durante gli antipasti inizia l'apertura dei pacchi. Si inizia con quelli più "sciocchi" per arrivare verso la fine con quelli più importanti. Ci ritroviamo con solo due pacchetti rimasti sulla tavola, ovviamente sono le due scatole. Dico loro di aprirli in contemporanea. Cominciano subito, sembra che abbiano 5 anni a testa. Mia madre è più veloce e dopo pochi secondi è col coperchio della scatola in mano. Vede la paglia e sopra gli stuzzichini. È contenta anche se forse, visto che era l'ultimo regalo, si aspettava qualcosa di più "sostanzioso". Anche mio padre ha la faccia strana vedendo i cioccolatini. Bene, l'effetto sorpresa è riuscito perfettamente. A questo punto gli dico di controllare bene sotto la paglia. Trovano un foglio piegato in tre, lo aprono e lo leggono. Sul momento nessuno dei due capisce bene cosa voglia dire: "Volo aereo andata e ritorno per Dublino, così potrete venirmi a trovare". Li faccio sedere e gli spiego che entro pochi giorni partirò e cercherò di guadagnarmi qualche opportunità migliore in terra irlandese. Rimangono colpiti, non se l'aspettavano proprio, ma passati i primi momenti di incredulità, mia madre viene ad abbracciarmi. Le domande le lasciamo per dopo. Anche se loro sono totalmente d'accordo e al mio fianco, non è facile accettare che un figlio non farà più parte della tua vita quotidiana. Mia madre in particolare è contenta, preoccupata, emozionata ed affascinata, tutto allo stesso momento. Suo figlio affronterà un passo così importante nella sua vita ed allo stesso tempo lei prenderà per la prima volta un aereo. Come non essere frastornata? Mio padre, come al suo solito, rimane in silenzio. Non è molto bravo ad esprimere i suoi sentimenti con le parole, ma poi ci riuscirà benissimo con i fatti.

Senza dubbio la persona della famiglia che rimane più shockata dalla mia decisione è mia sorella. Per lei è inconcepibile prendere aerei, spostarsi così lontano da casa ed iniziare una nuova vita da zero. Piano piano, fra una tartina ed un gamberetto cominciano ad arrivare le prime domande "Hai già un posto dove dormire?"; "È pericolosa Dublino?"; "Hai già un lavoro?"; "Hai già tutto pronto per la partenza?" ed altre domande. Cerco di rispondere in maniera di non farli preoccupare troppo, ma in realtà non avevo quasi nulla preparato.

Bene, ora la mia ragazza e la mia famiglia sono a conoscenza della mia scelta; non rimane che informare gli amici.

Le persone a cui ho comunicato la mia decisione sono poche, non tutti meritano di sapere le mie scelte, soprattutto se così importanti. Alcuni mi hanno compreso ed incoraggiato, altri mi hanno detto che mi invidiavano perché anche loro avrebbero bisogno di un cambiamento radicale, ma senza trovare il giusto coraggio. Parlare con questi amici mi fa bene, mi danno forza e mi fanno comprendere che sono sulla strada giusta. Poi c'è anche chi invece non capisce affatto e ti prende per pazzo. Esistono ancora nel ventunesimo secolo persone che abbinano l'estero solo ed esclusivamente alle vacanze, reputando questo tipo di esperienze una perdita di tempo, invece che una grande opportunità per crescere professionalmente e personalmente. Cerco quindi di stare il più lontano possibile da questo tipo di persone, sono molto convinto delle mie decisioni, ma sentirsi sempre dare addosso può abbattere anche un toro! In più, cosa molto importante, quando si intraprendono scelte di questo genere, dove la percentuale di successo non è certa, è meglio non pensare che in un eventuale "fallimento" ci sarebbero persone che sghignazzerebbero con gli immancabili "te l'avevo detto" oppure "con la scusa di cercare lavoro, ti sei fatto una vacanza in Irlanda".

Sarebbe troppo pesante partire con questo pensiero, è veramente meglio non pensarci.

L'avere "amici" contrari alla mia decisione mi fa capire ancora di più di quanto sia fortunato ad avere la famiglia dalla mia parte; se già è pesante avere dei conoscenti che ti impongono questa pressione psicologica, figuriamoci quanto maggiore sarebbe se tale pressione arrivasse anche dalla tua stessa famiglia. Con il passare degli anni, grazie al mio sito Viviallestero.com, avrò modo di parlare con tanti giovani che vogliono partire, ma con genitori che cercano in tutti modi di mettere i bastoni fra le ruote.

È un vero peccato perché stanno ostacolando la crescita professionale del proprio figlio.

Se un'esperienza all'estero è stata sempre da considerarsi formativa, ora nel momento storico con la crisi che stiamo vivendo, lo diventa ancora di più.

Cari genitori, sappiate che un periodo vissuto fuori dai confini italiani potrebbe aiutare i vostri figli ad evitare questa situazione economica così negativa che sta attanagliando il nostro paese, affogando ogni ambizione dei giovani italiani.

I GIORNI PRIMA DELLA PARTENZA

Così dopo aver comunicato la mia decisione, non mi resta altro da fare che cominciare ad organizzarmi ed aspettare che i giorni passino. All'inizio tutto è bello, ho voglia di fare acquisti, faccio mille ipotesi e tutto è roseo. Compro una nuova valigia semi rigida che mi permetta di caricarla al massimo delle sue potenzialità. Mi sento quotidianamente col mio amico che vive a Dublino, mi tiene aggiornato sulle temperature, ovviamente basse dovute anche alle copiose piogge, ma il clima pessimo non mi ferma. Anche l'anno scorso ero partito a Gennaio per l'Irlanda, quella volta del Nord, quindi in teoria anche più fredda, e non mi ero trovato poi così male.

La mia idea iniziale è quella di risparmiare il più possibile in maniera tale che una volta arrivato in Irlanda abbia più tempo a disposizione per cercare lavoro. Dublino è una città abbastanza cara, non quanto Londra, ma comunque più cara di tante altre città europee. Dal giorno in cui ho deciso di partire ho cercato di risparmiare su qualsiasi cosa, rifiuto inviti a cena fuori, aperitivi, mi muovo soltanto a piedi o in bicicletta per risparmiare anche sulla benzina. La mia macchina è vecchia e vendendola non tirerò su molti soldi, quindi non ne vale nemmeno la pena.

Sono veramente determinato in quello che faccio.

Le conversazioni col mio amico "dubliner" continuano quotidianamente, lui è contento che fra pochi giorni lo raggiungerò, lavora in un piccolo studio grafico e non conosce molte persone fuori da quel contesto. Inoltre, vivendo solo con la sua ragazza, non ha nemmeno coinquilini con cui fare amicizia.

I giorni stanno passando e qualcosa dentro me sta cambiando; l'entusiasmo e la felicità iniziali stanno lasciando spazio a qualche dubbio e anche ad alcune paure.

Decido di non festeggiare la mia partenza, ho sempre paura che qualcosa vada storto e che il mio progetto svanisca nel nulla. Veramente, non sono in grado di festeggiare. Sul piatto della bilancia ho messo tanto, mi sento come uno di quei giocatori di poker che fanno l'All-In dove se perdono, hanno perso tutto. Più passa il tempo e più realizzo il fatto che non posso assolutamente permettermi di fallire. Cosa farei se tornassi a mani vuote? Quali altre opzioni mi potrebbe dare la vita se non quella di rimanere per sempre nella mia città o al massimo nella mia nazione? Come troverei il coraggio di fare un passo così difficile che ho già una volta tentato e fallito miseramente? Dopotutto questa è la chance più "semplice" per me; vado in una nazione vicina, economica, che sta offrendo diverse opportunità lavorative agli stranieri e dove ho un amico che mi accoglierà. Se fallisco questa occasione, tutte le altre saranno decisamente più difficili. Magone.

Le serate con la mia ragazza procedono come sempre, il tema della mia partenza è diventato tabù. Non lo trattiamo se non vogliamo rovinarci anche gli ultimi momenti che possiamo trascorrere insieme. Pensare poi che fu proprio lei a farmi scoprire la bellezza di Dublino; l'andai a trovare sei anni fa quando era lì col Progetto Leonardo, organizzato dalla nostra Provincia. Fra pochi giorni i ruoli si invertiranno, se vorremo rivederci sarà lei a dovermi venire a trovare. Come ho spiegato, però, il nostro rapporto non era affatto semplice, troppe storie nascoste ci avevano fatto male in passato e districarsi fra rimorsi e paure era alquanto complicato. Quindi ancora prima di partire so che la mia partenza facilmente metterà la parola fine a questa relazione, come diceva la canzone di Modugno, la lontananza è come il vento, spegne i fuochi piccoli ma accende quelli grandi…e il nostro non è di certo un falò.

Organizzo un pranzo con i miei nonni, a loro glielo devo. Entrambi hanno 86 anni, sono i genitori di mia madre, quelli paterni li ho già persi anni fa. L'idea di una partenza senza ritorno li preoccupa ed è anche normale ragionare così a quell'età. Durante questo pranzo cerco di smorzare i toni dicendo che non so bene quanto tempo resterò, ma probabilmente sarà soltanto per 2 o 3 mesi. Mi rendo conto che non lo sto facendo solo per tranquillizzarli, ma per scaricarmi di dosso le troppe aspettative che si potrebbero creare. Non avrei mai creduto prima, ma mi spaventa da morire l'idea di tornare dopo poco con un pugno di mosche in mano e con la gente che mi dice "ma dove pensavi di andare?". Non devo pensarci e devo credere di più in me stesso, forza Stefano!

Arriva il giorno prima della partenza. La mattina la passo a preparare gli ultimi documenti, non voglio ritrovarmi con i tempi stretti e l'acqua alla gola. Per lo stesso motivo comincio a ragionare su cosa portare, come suddividere i vestiti, le scarpe e gli altri oggetti che avrei voluto portare fra il bagaglio a mano e la valigia che imbarcherò. Non devo spendere altri soldi per l'eccesso di peso del bagaglio e la compagnia con cui volo è abbastanza rigida per questi aspetti.

Nel pomeriggio cerco di isolarmi. Più passano le ore e più la mia paura cresce. Più ci penso e più realizzo il fatto che da domani la mia vita cambierà totalmente anche se ancora non so se in meglio o in peggio. Arriva il momento degli "ultimi": l'ultima cena con la mia famiglia, l'ultima notte che passo in questa casa, in questa camera e in questo letto, l'ultima colazione italiana e via dicendo.

Divento sempre più nervoso, lo divento tutte le volte che la mia vita dipende da eventi esterni e non soltanto dalle mie decisioni. Cosa sarà di Stefano fra un mese? E se dovessi fallire, cosa farei? Da dove ripartirei? Basta! Troppe domande, meglio non pensarci, anche perché non dipenderà solo ed esclusivamente da me, ma ci saranno tanti fattori esterni, spesso imprevedibili, che è inutile fare previsioni.

A cena i miei genitori mi chiedono conferma dell'orario di partenza, saranno loro ad accompagnarmi all'aeroporto. Non fanno altre domande, come sempre rispettano le mie decisioni e soprattutto si fidano di ciò che faccio. Dopotutto loro sono quelli che mi rivedranno sicuramente prima degli altri, hanno da utilizzare il mio regalo di Natale, per cui si organizzeranno per venire appena riusciranno.

Con la mia ragazza non ci vediamo stasera, rimaniamo d'accordo che mi passerà a trovare domani mattina prima della partenza.

Mi metto a letto, la nottata sarà lunga. Il sonno tarda ad arrivare, guardo la partita di Coppa Italia, la classica cosa che non ti interessa, ma ti fa passare del tempo. Dopo la partita, un film e verso l'una, credo, finalmente crollo.

La sveglia suona, apro gli occhi e rimango ancora un po' a letto. Mi fermo a ragionare sul fatto che da domani, quando aprirò gli occhi, vedrò tutt'altro panorama. Sarà il soffitto di un'altra casa, in un'altra città, in un'altra nazione.

Mi alzo, oggi è il mio giorno! Chi dorme non piglia pesci, per cui cerco di mettermi in moto e fare diverse cose a cominciare dalla doccia e dalla colazione, anche se ho lo stomaco chiuso. Sono passate da poco le 10 quando arriva lei a salutarmi. Cerchiamo di comportarci da bravi viaggiatori, poche storie e piagnistei, tanto sappiamo che la nostra vita sarà piena di partenze, arrivi, saluti. Non sarà mai un addio, ma sempre un arrivederci in altri lidi... almeno è quello che speriamo. Un bacio, poi un altro ed un altro ancora. È ora di salutarci davvero. "Buon viaggio" e "Buon tutto" come era solita augurare. "Ti aspetto a Dublino" la mia risposta. Se ne va da casa mia e l'accompagno con lo sguardo fino a quando non gira l'angolo e non riesco più a vederla.

"Stefano, che dici, è ora di partire?". Mio padre odia correre in auto, quindi preferisce partire sempre con buon anticipo così da non dover stare sempre attenti all'orologio in caso di traffico. Tutti i torti non li ha, è meglio partire, restare a casa non ha più molto senso.

Lui e mia madre si dirigono verso la macchina, io mi attardo un po'. Mi volto verso il portone di casa. Cosa avrò "conquistato" la prossima volta che lo rivedrò? Altro magone.

LA PAURA ALL'AEROPORTO

Durante il viaggio in macchina c'è un silenzio surreale, la mia paura di fare un buco nell'acqua mi toglie ogni voglia di aprire bocca ed il loro timore di un figlio che parte per "l'ignoto", non gli fa trovare parole da dire. Siamo tutti sulle spine.

Dopo un viaggetto di poco più di un'ora arriviamo all'aeroporto (parto dall'aeroporto di Forlì, all'epoca dei fatti l'aeroporto di Bologna era in fase di ristrutturazione e molti voli partivano dalla città romagnola). A differenza di tutte le altre volte, non sono felice e sereno, ho un magone in gola dovuto alla solita paura. Saluto i miei velocemente, odio questo tipo di saluti, e mi dirigo verso i controlli. Li rivedrò sicuramente fra poco ed in più non voglio né piangere né far piangere mia madre.

Sono arrivato con buon anticipo, mi dirigo subito verso i controlli e così ho diverso tempo da trascorrere prima dell'imbarco.

L'attesa mai fu più lunga.

Osservo bene le facce delle persone che sono in attesa come me. Ascolto e cerco di capire se c'è qualcuno che sta vivendo un'esperienza simile alla mia, sto cercando un appiglio, qualcuno o qualcosa a cui appoggiarmi, mai mi ero sentito così debole come in questo momento.

Cerco di analizzare la mia situazione per trovare dei lati positivi anche nel caso di un eventuale fallimento quasi volessi crearmi dei "cuscinetti" dove cadere nel caso il mio "volo" fosse rovinoso. Intanto le mie orecchie continuano a captare discorsi, parole, voci degli altri ragazzi in attesa al gate. Per mia sfortuna (che poi a posteriori ho considerato essere una fortuna) non sento niente di ciò che speravo. La ragazza riccia seduta vicino a me, è al telefono "ciao mamma, sono arrivata in aeroporto, tutto bene, appena arrivo a casa, ti chiamo. Un bacio". Dentro me scatta subito invidia. Sì, esatto. Sono invidioso, non è da me, ma lo sono. Lei ha casa a Dublino per cui era già partita, si era già ambientata, aveva già trovato lavoro. Ne sarò capace pure io?

Faccio qualche passo e sento parlare due ragazzi fra loro. Sembrano un po' più grandi di me, ma sempre sotto i 35. Uno è molto magro, vestito in maniera semplice, con un look pulito e faccia da bravo ragazzo, il classico ragazzo della porta accanto, l'altro invece è in giacca e cravatta e parla di finanza. Immagino lavorino in banca o per qualche servizio finanziario. Anche loro sono soddisfatti della loro situazione lavorativa, lo si capisce dall'espressione: facce distese e rilassate. Le mie paure aumentano: e se servisse una qualifica nel settore finanziario per trovare lavoro a Dublino? O magari serve un master, mentre io ho una "semplice" laurea in Economia del Turismo. Se così fosse non avrei chances...aiuto!

Basta Stefano, non puoi andare avanti così, cerca di rilassarti. Smetto di ascoltare e passeggio un po' per l'aeroporto. "I Signori passeggeri del volo Ryanair con destinazione Dublino sono pregati di recarsi alla porta d'imbarco numero 5". Eccoci, è l'ora di salire sull'aereo. In rapida successione: mi metto in fila, mi controllano la carta d'identità, mi strappano il biglietto, mi controllano il bagaglio a mano (all'epoca erano più fiscali su misure e pesi), entro nel corridoio, entro in aereo, prendo posto, mi allaccio le cinture. Ci siamo!

Con la solita calma, tutti i viaggiatori prendono posto così che poi le hostess possano chiudere le porte. Mentre loro chiudono le porte dell'aereo, io apro quelle di una nuova ed entusiasmante esperienza che spero mi cambi totalmente vita.

Signori, si parte!

IL PRIMO GIORNO IN IRLANDA

"Dublin welcomes you" è il primo cartello che noto dopo aver recuperato il bagaglio e oltrepassato tutti i controlli. È la terza volta che vengo in questa città; la prima, come vi avevo già detto, per venire a trovare la mia ragazza durante il suo Progetto Leonardo, la seconda l'anno scorso per festeggiare la festa più importante d'Irlanda, ovvero il patrono San Patrizio, Saint Patrick, il 17 di Marzo. In entrambe le due precedenti occasioni non ho avuto modo di conoscere bene la città, un po' perché la prima volta mi ero fatto guidare dalla ragazza, un po' perché durante i festeggiamenti c'era una confusione tale che la città era irriconoscibile.

Per cui, Stefano, ora te la devi cavare con le tue gambe, anche per le più piccole cose, non ultima per non perderti in città.

Il programma prevede di andare in centro ed incontrare il mio amico nella sua pausa pranzo, prendere le chiavi di casa sua, andare a riposarmi ed aspettarlo per poi andarci a bere una birra. Ci sono due tipologie di autobus che dall'aeroporto ti portano in centro città, uno turistico ed uno cittadino che fa più fermate. Ci tenevo a prendere quello locale, sia perché più economico, sia perché volevo subito delineare la mia nuova esperienza che non aveva nulla che a vedere con quella di un turista. Purtroppo però non riesco a trovare le informazioni necessarie per capire da dove parta il bus locale; il tempo trascorre ed i bagagli pesano. Così per non far aspettare troppo tempo il mio amico, decido di prendere quello turistico che fa pure meno fermate.

Il colore dominante del viaggio fino al centro città è il grigio, non tanto per il cielo tipico irlandese che aveva appena innaffiato la città, ma più che altro per il mio umore. Sono insicuro su più fronti e non sono abituato ad esserlo.

Arrivo alla fermata che il mio amico mi aveva indicato, tiro fuori la mappa che ho preso in aeroporto e cerco la via dove ci siamo dati appuntamento. Non avevo ancora la sim card irlandese, non avevo connessione sul telefono e quindi non potevo collegarmi a google maps. Trovo finalmente sulla mappa la via dove devo andare; è abbastanza vicina e sembra facile raggiungerla, devo solo costeggiare il parco, prendere la prima a sinistra, poi ancora a sinistra per la piccola stradina cieca e lì troverò l'ufficio del mio amico. Niente da fare però. Sarà un po' la tensione ed un po' la stanchezza mischiata al pessimo orientamento tramite mappe cartacee che ho…ma sta di fatto che mi perdo. Mi perdo così tanto che una signora sulla settantina, con i capelli bianchi e le buste della spesa, si ferma e di sua spontanea volontà mi chiede se ho bisogno d'aiuto. Ne approfitto, le chiedo di indicarmi la via più breve per raggiungere la mia destinazione. Molto gentilmente mi accompagna per un pezzo e poi mi indica col dito esattamente quale strada avrei dovuto prendere. In pratica sono vicinissimo a dove l'autobus mi aveva lasciato…avessi solo letto meglio la mappa sarei già arrivato da più di 10 minuti.

Non sono riuscito a trovare il bus che volevo prendere all'aeroporto, mi son dovuto far aiutare da una gentilissima signora irlandese per raggiungere il luogo indicato del mio amico e ho freddo. Cominciamo bene!

"Finalmente sei arrivato, stavo per morire di fame!" Così il mio amico mi saluta e poi mi abbraccia col sorriso sulle labbra. Era contento di vedermi ed io contento di vedere lui, finalmente. Mi dà le chiavi, fortunatamente la sua casa è dietro l'angolo e mi dice che passerà a prendermi per le 17, quindi devo farmi trovare pronto per quell'orario così andiamo a farci un paio di Guinness come ai vecchi tempi.

Trovo la casa, inserisco la chiave nella fessura, ma la porta non si apre. Mi viene un colpo al cuore, sono stanco, non riuscirei ad aspettare il mio amico tre ore fuori di casa ed in più avrei fatto una figura di M gigantesca con lui. In questo momento mi sento con l'umore a terra, sono abbastanza sfiduciato, anche la più piccola cosa non mi viene bene. Riprovo e capisco la semplice soluzione. È una di quelle serrature che per aprirle bisogna girare la chiave al contrario, ovvero verso l'interno e non l'esterno. La porta si apre, sospiro di sollievo. Porto dentro le valigie e mi siedo sulla prima sedia che trovo.

Faccio un altro gran respiro, sono arrivato!

Mi faccio finalmente una doccia, bella lunga, e mi vesto con indumenti puliti e profumati.

Noto subito quanto sia noioso non avere un armadio, non sapere dove appoggiare le cose sporche e tirare fuori i vestiti dalla valigia, così prendo le prime cose a portata di mano per non dover ripiegare tutto. Sono pronto, aspetto le 17 per poi andare a bere col mio amico.

Il pub vicino casa è molto bello, è su due piani, luci soffuse, bancone di legno, musica ad un volume non troppo alto ed una vasta gamma di birre e di spirits (superalcolici). "Il solito?" mi chiede il mio amico, quasi a instaurare di nuovo quell'ottimo rapporto che avevamo creato durante il Progetto Leonardo trascorso insieme a Derry.

Quell'esperienza era tutt'altra cosa: aveva una data d'inizio e una di fine, avevamo volo, vitto, scuola di lingua ed alloggio pagati ed avremmo anche fatto una pratica in qualche attività lavorativa trovata dagli organizzatori in base al nostro profilo. Ora invece è tutto diverso e, come prima volta, non so se Stefano Piergiovanni ne è all'altezza. Nonostante il mio stomaco sia chiuso e non mi andrebbe di bere nemmeno l'acqua, non voglio deluderlo e rispondo con un secco sì.

"Two pints of Guinness, please" chiede al barista e dopo qualche minuto sono pronte; per chi non lo sapesse, la birra guinness va spinata in maniera diversa dalle birre chiare: bisogna prima riempire il bicchiere per 3/4, aspettare che la birra si "sieda", finire di riempirlo e poi aspettare di nuovo che perda il colore grigio ed assuma quello nero scuro tipico delle birre stout. A quel punto, può essere servita.

-"Allora Ste, quali sono i tuoi progetti?"
-"Domani mattina vado a comprare la sim card irlandese, così avrò un numero di telefono locale da scrivere nel Curriculum Vitae e, se

mi dai il permesso, vorrei anche aggiungere l'indirizzo di casa tua nel mio cv."

-"Certo, non ci sono problemi."

-"Dopo aver modificato il mio cv con questi due dati fondamentali comincerei a girare tutti i job recruiters per farmi conoscere, che ne pensi?"

-Ottima idea, però domani è Venerdì, qualche ufficio chiude prima. Quindi ti consiglio di acquistare la sim card ed utilizzare il pomeriggio per fare una mappa degli uffici dei job recruiters della zona che ti interessano. Poi, per fare il giro, io aspetterei Lunedì mattina."

La sua idea mi sembra buona, anche se la voglia di mettermi subito alla prova è tanta.

La birra mi ha fatto bene, ha sciolto la tensione e mi ha fatto dimenticare quell'umore grigio... giusto così. Dopotutto non avevo nessun motivo per essere triste.

Torniamo a casa dove c'era la ragazza del mio amico ad aspettarci. Lei è irlandese, con uno di quei tipici nomi gaelici che si scrivono in un modo, ma si leggono in tutt'altro (ad esempio Eoin viene letto Owen). Appena entriamo mi saluta e va subito a letto, è abbastanza stanca. Tiriamo fuori il cuscino, le coperte ed il materasso gonfiabile dove passerò le prossime notti. Succede però qualcosa che rende l'inizio della mia avventura ancora più "duro". Il materasso ad aria ha un foro nella parte inferiore e per questo motivo non si gonfia. Proviamo a risolvere il problema, ma non c'è niente da fare, perde aria. In pratica sarebbe come dormire sul gelido pavimento di marmo. Quindi l'unica soluzione che rimane è quella di dormire sul divano a due posti dove però non posso stare nemmeno con le gambe distese. Diciamo che il primo giorno non mi ha voluto regalare grandi soddisfazioni o colpi di fortuna e, a quanto pare, nemmeno la prima notte lo farà.

Il mio amico mi saluta e va a dormire. Mi infilo la tuta e provo a distendermi sul divano. L'ambiente è molto freddo, è da poco passata la mezzanotte di una notte di Gennaio in Irlanda; non potevo aspettarmi un clima più caldo. Comunque, dopo una giornata così piena e pesante, questo divano mi sembra il letto più comodo dove abbia mai dormito. Provo a chiudere gli occhi e comincio a rivedere tutte le immagini del viaggio. Ora però mi sento un po' diverso, sento che qualcosa in me è cambiato, sento meno la paura che mi ha accompagnato negli ultimi giorni e sento di più la voglia di mettermi in gioco. Questo nuovo umore mi fa sentire più leggero e mi fa rilassare così tanto che quando riapro gli

occhi è già giorno. Il primo giorno in Irlanda fa già parte del passato.

LA CRISI DEI PRIMI GIORNI

Aspetto di rimanere da solo per iniziare a prepararmi, non mi sembra giusto occupare il bagno visto che loro devono andare in ufficio, mentre io posso uscire quando voglio. Faccio la classica doccia della mattina e mi vesto pesante. Studio bene che strada fare per arrivare in centro, ma è molto semplice perché girando subito a destra si finisce su un viale molto lungo e percorrendolo tutto si arriva direttamente a Grafton Street, il cuore della città. In totale a piedi ci vorranno non più di 15 minuti. Per chi non conoscesse Dublino, Grafton Street è una delle vie più belle e turistiche della città dove troviamo anche il St. Stephen Green Park e l'omonimo shopping center. L'obiettivo di questa mattina sarà proprio andare al centro commerciale per comprare la sim card, visto che fra i tanti negozi ci sono anche quelli delle compagnie telefoniche. Quindi finisco di prepararmi, prendo soldi, passaporto ed esco. Il tempo è molto incerto, ci sono dei raggi di sole molto forti, ma anche dei nuvoloni grigi che minacciano tanta pioggia. Sono ben bardato, giaccone pesante, cappello, sciarpa e guanti. Niente ombrello però, non voglio diventarne schiavo, visto che qui bisognerebbe portarselo sempre dietro anche quando c'è il sole. Un famoso detto dice che in Irlanda le quattro stagioni si alternano nell'arco di un solo giorno.

Appena entro nel centro commerciale, noto da lontano l'insegna di una delle più famose compagnie telefoniche internazionali. L'idea di acquistare la sim card da loro mi piace, visto che li avevo utilizzati anche nelle mie esperienze in Spagna e nel Nord Irlanda, e mi ero trovato abbastanza bene. Entro nel negozio, chiedo una nuova Sim Card, sbrigo tutte le semplici procedure (in Irlanda non ti chiedono documenti, non viene registrata a nome di qualcuno), pago ed esco. Da questo momento ho un numero di telefono irlandese; chi vorrà mettersi in contatto con me, potrà farlo soltanto attraverso questo nuovo numero che ha il prefisso internazionale +353. La Sim Card italiana ora è nella tasca del mio giaccone e lì resterà per un po'...o almeno è quello che spero. Mando un messaggio a mia madre con scritto "qui tutto bene, questo è il mio nuovo numero irlandese. Dallo anche agli altri."

Mi prende fame, non avevo nemmeno fatto colazione ed avevo già percorso diversi kilometri. Entro nel primo supermercato economico che incontro e compro due sandwich, una lattina di coca-cola ed un pacco di biscotti. Mangiare fuori casa a Dublino è abbastanza costoso per le mie tasche e non ce la farei a ritornare nell'appartamento e cucinare. Ho troppa fame! Divoro i due sandwich, sono gli stessi che mangiavo per pranzo durante la mia esperienza col Progetto Leonardo a Derry in Irlanda del Nord. Apro anche il pacco di biscotti, nonostante li abbia comprati per la colazione di domani mattina. Sono già le tre del pomeriggio, è ora di incamminarsi verso casa: il Venerdì il mio amico esce un po' prima dall'ufficio e stasera usciremo con la sua ragazza e due sue amiche. Dopo poco il mio rientro, arrivano loro due; lui, per rendere partecipe alla discussione anche la sua ragazza, mi chiede in inglese cosa avessi fatto ed io rispondo che ho trascorso la mattinata al centro commerciale. A questo punto si intromette lei e mi fa una domanda che alle mie orecchie suona qualcosa come "uauaua ua uauaua?". Chiedo gentilmente di ripetere, ma anche questa volta non capisco. Mi viene in soccorso lui dicendomi che mi sta chiedendo se ho comprato qualcosa e la frase era "did you get anything?". Ci rimango molto male, mi rendo conto che non ho capito una delle frasi più semplici che mi potesse rivolgere eppure 9 mesi fa non avevo problemi del genere, magari è solo stanchezza.

Inizia il fine settimana, quasi ne sono dispiaciuto. Mi infastidisce l'idea di dover aspettare due giorni e mezzo per poter iniziare la ricerca di un lavoro. Quando voglio iniziare o fare qualcosa, non mi piace aspettare. Usciamo ed andiamo al pub, ma prima un salto al fast food. Pranzo sandwich più coca cola, cena hamburger più patatine fritte più coca cola, dopo cena con un paio di birre: il mio stomaco ringrazia! All'inizio siamo in 5: il mio amico, la sua ragazza e le due sue amiche irlandesi. Ben presto, incontrando dei loro amici il numero aumenta. Capisco poco o niente di quello che dicono, ma la cosa non mi spaventa, sono ubriachi ed usano un linguaggio molto slang per cui è veramente difficile stargli dietro; penso che anche un madre lingua inglese di un'altra località o nazione avrebbe qualche problema a capirli, o almeno cerco di autoconvincermi per non pensare che sia colpa mia e del mio livello d'inglese. Poco dopo la nostra serata finisce. Ce ne torniamo a casa perché loro domani mattina partono presto, passeranno il fine settimana a Derry dove vivono i genitori di lei e dove ha ancora delle cose che vuole portare a Dublino. Quindi tutto il fine settimana sarò solo; loro torneranno soltanto Domenica sera verso l'ora di cena (ps: ora di cena italiana, ancora non mi sono abituato agli orari irlandesi).

È Sabato mattina, mangio qualche biscotto e guardo fuori dalla finestra. C'è un bel sole, non posso farmelo sfuggire.

Doccia veloce ed esco.

Questo fine settimana mi voglio convincere di essere un turista, tanto non potrei fare molto, almeno è quello che credo in questo momento, poi in futuro, con l'esperienza, scoprirò che c'è sempre qualcosa che si può fare per inseguire i propri obiettivi. Essendo uscito verso le 11.30 del mattino, per pranzo sono di nuovo fuori casa. L'idea è sempre quella di risparmiare il più possibile, così da seguire la teoria che meno soldi spendo e più giorni posso stare alla ricerca di lavoro; più giorni posso concedermi per la ricerca di un lavoro e meno rischi di fallire avrò.

Tutto è sempre orientato a questo scopo: non tornare in Italia a mani vuote. Risparmiare all'ora di pranzo vuol dire altri sandwich del supermercato più lattina di coca cola ed oggi ci abbino un cookie con dei bei pezzi di cioccolata, però mi prometto che prima di tornare a casa comprerò della pasta per prepararmela per cena.

Alla fine dei miei giri torno a casa e come promesso, mi preparo la pasta. Ceno e sono di nuovo fuori. Sono stato invitato a bere una birra da un altro amico che vive a Dublino, anche lui conosciuto a Derry. In questa città è veramente semplice fare amicizia, la gente riempie i pub, ci sono persone provenienti da tutto il mondo. È bello poter incontrare amici che hanno condiviso con te un'esperienza e vedere che si sono sistemati, che hanno trovato un buon lavoro ben retribuito e con un bel giro di amicizie internazionali. Voglio anch'io essere soddisfatto come loro.

La domenica la passo a casa, piove e fuori fa freddo. Seguo i risultati delle partite di calcio, leggo un libro ed aspetto che il mio amico che mi sta ospitando torni da Derry.

Altra notte passata rannicchiato sul divano a due piazze, collo e schiena cominciano a dare i primi segni di nervosismo, ma faccio di tutto per non sentirli.

La ragazza irlandese si alza presto, viene in sala e spalanca tutte le finestre. Per lei non è freddo e bisogna far areare la casa. Quindi questa mattina la sveglia è abbastanza brusca. Meglio così, oggi è il grande giorno: inizia ufficialmente la mia ricerca di un lavoro in Irlanda.

Aspetto di rimanere da solo a casa, mi preparo, metto il mio curriculum completo di numero ed indirizzo irlandesi in una pennetta USB ed esco. Mi dirigo verso il centro, voglio passare in un internet point per stampare una ventina di copie del mio cv e per chiamare mia madre.

Sono vicino al Trinity College, mi affascina sempre vederlo, mi ricorda il film "L'attimo fuggente", uno dei miei film preferiti. Vedo da lontano l'indicazione per un internet point e call center e mi dirigo verso il cartello. Giro e rigiro, ma nonostante le indicazioni portassero verso questa direzione, non riesco a trovarlo. Forse è chiuso per cui non lo vedo. Mentre sto pensando di lasciar perdere e cercarne un altro, noto un piccolo portoncino aperto con dentro una tipica scalinata irlandese: ripida, con scalini stretti e tutta ricoperta di moquette. Mi affaccio dentro e leggo "internet services 4th floor". Comincio quindi a salire le scale, al primo piano trovo un'agenzia di immigrazione per asiatici, al secondo una porta chiusa dalla quale esce un cattivo odore (dove diavolo sono finito???), al terzo un ufficio di non so bene cosa e al quarto, finalmente, l'internet point che stavo cercando. Da fuori sembra vuoto e molto silenzioso, probabilmente non ci sarà nessuno dentro. Apro con fatica la porta, è stretta e pesante. È così stretta che per entrare con lo zaino sulle spalle devo far manovra come se fossi un camion. Una volta entrato scopro un nuovo mondo, il piccolo negozietto era pieno di gente, soprattutto polacchi ed africani. Dall'area delle cabine telefoniche usciva un mix di voci, di lingue, di accenti e di parole incomprensibili. Queste persone sono qui per chiamare i propri cari rimasti a casa, per raccontargli la loro vita. Io sono qui per lo stesso identico motivo e ciò mi fa un effetto molto particolare, non mi ero mai considerato un "immigrato", ma se ci penso bene alla fine dei conti questo sono.

Chiedo di stampare il mio CV e di poter utilizzare una cabina per chiamare l'Italia.

-"Ciao Ma, sono Stefano."

-"Piccolo mio…che emozione sentirti! Come stai? Cosa stai mangiando in questi giorni? Solo schifezze o riesci a cucinarti qualcosa di più salutare?

-"Mangio abbastanza bene e sto bene." (ovviamente mento sul cibo, ma solo a fin di bene per non farla preoccupare inutilmente)

-"Hai trovato casa?"

-"No e non l'ho nemmeno cercata, prima voglio trovare lavoro."

-"Giusto, bravo, ma sai, vorrei che tu riuscissi a sistemarti il prima possibile così da avere un letto tuo, una tua cucina, una tua lavatrice."

-"Certo, hai ragione… ma al momento sono occupato in altre cose. Anzi ora devo andare, sono di corsa."

-"Va bene, ci sentiamo nei prossimi giorni."

Chiudo la telefonata ed esco dalla cabina. Capisco di aver chiamato troppo presto. Ancora sono troppo debole, mi sento un po' giù di morale, aver sentito la voce di mia madre mi fa pesare ancora di più la loro lontananza; mi piacerebbe avere qualcuno della famiglia per almeno un abbraccio. In più, in tutta sincerità, la mia testa è già occupata dai pensieri di voler trovare lavoro e del voler scoprire se sono abbastanza bravo e forte da cambiare vita da solo, non ho spazio anche per preoccuparmi di una lavatrice mia. Per il momento la lavanderia automatica vicino casa del mio amico mi va benissimo. Pago ed esco. Bene, adesso che ho i miei CV stampati è arrivata l'ora di iniziare il giro dei recruiters per farmi conoscere. Comincio da quello più vicino situato dietro Temple Bar, lungo il fiume. Quando arrivo di fronte all'ingresso penso a quale frase utilizzare per presentarmi. Ho le mani sudate, non credevo che il solo entrare nell'ufficio di un recruiter per lasciare il mio CV potesse emozionarmi così tanto, non si smette mai di conoscersi.

Alla fine entro, parlo con la segretaria, balbetto qualcosa (penso di aver mischiato tutte le frasi pensate fuori dall'ufficio) e noto dalla sua faccia che è totalmente disinteressata a quello che sto dicendo. Mi prende il CV, ci mette la data e mi ringrazia. Non era l'approccio che avevo immaginato, ma ora non importa, la mia ricerca di un lavoro in Irlanda è ufficialmente iniziata.

In pieno centro c'è l'ufficio di un'importante catena di agenzie interinali a livello mondiale. Questa è la mia seconda meta. Oramai sto prendendo confidenza con le strade del centro e arrivo in fretta. Il suo logo rosso è ben riconoscibile da lontano. Cerco di pensare anche questa volta a qualche frase da dire ed entro. La ragazza è gentilissima e mi spiega che non accettano più candidature cartacee, le accettano soltanto online attraverso il loro sito. Ringrazio ed esco. Ad essere sincero questa è l'agenzia nella quale riponevo meno speranze, per cui il non avergli lasciato il cv di persona non mi dispiace più di tanto. Mi avvio verso la terza agenzia, anche questa è in centro, ma un po' più distante rispetto le prime due. Questa volta entro senza esitare. Appena varco l'ingresso mi accoglie l'impiegata che mi sorride e mi saluta. Faccio subito caso al suo look. Ha una sorta di uniforme sul blu scuro col logo dell'agenzia; i capelli biondi sono mal raccolti, lo smalto nelle unghie delle mani sta cadendo a pezzi e le calze hanno un piccolo foro sul ginocchio. Mi viene da sorridere, una ragazza così abbigliata non potrebbe mai lavorare in Italia, ma giorno dopo giorno mi abituo sempre di più alle differenze che trovo in questa nazione. Come il proverbio dice, l'abito non fa il monaco, infatti la ragazza è molto gentile e professionale e mi spiega che anche loro non accettano più candidature in ufficio, ma solo online.

Incomincio a sentire la stanchezza; il dormire sul divano non mi fa riposare bene, sono ore che sto passeggiando per la città e a quanto pare anche inutilmente. Devo anche ammettere che il presentarmi alla agenzie in lingua inglese mi ha messo un po' d'ansia e questa è una di quelle cose che comprendi solo una volta che la provi in prima persona. Credo che sia meglio tornare a casa del mio amico, così comincio a guardare i siti delle agenzie che non hanno accettato la candidatura cartacea.

Entro ed è tutto buio, eccetto la luce della camera da letto del mio amico e della sua ragazza. Dopo qualche secondo sento delle urla, stanno litigando. Lui esce di fretta dalla camera, apre la porta di casa e la chiude sbattendola. Non so che dire, non so che fare, sento solo il desiderio di smaterializzarmi perché non mi sento assolutamente a mio agio in questa situazione. La casa è molto piccola e non è facile trovarsi in mezzo ai loro litigi. In più sono un ospite, mi sento davvero di troppo. Riesco e vado al ristorante cinese a mangiare un piatto di riso cantonese, la cosa più economica che ci sia dopo i sandwich. Cerco di tardare il più possibile nella speranza che al mio ritorno tutto si sia sistemato. Faccio anche un salto al supermercato per comprare dei biscotti per la colazione. Quando rientro a casa trovo un buio ed un silenzio surreali. Ne approfitto per mettermi a letto, o meglio sul divano. Buonanotte.

Una nuova giornata sta iniziando, mi sento carico, voglio essere più concreto oggi, alla fine ieri ho lasciato soltanto un cv e non ho nemmeno visitato i siti delle altre agenzie. Sono in pieno centro, a pochi passi dallo Spire, un palo a forma piramidale di colore argento alto diversi metri su O'Connell Street. È uno dei simboli della città anche se i Dubliners non lo amano molto (e forse tutti i torti non li hanno). Mentre decido da quale agenzia iniziare, comincia a piovere. Prima una pioggerella leggera, poi aumenta sempre di più la sua forza. Mi riparo sotto la tettoia di un negozio in Henry Street nella speranza che possa smettere da un momento all'altro, ma purtroppo oggi è una di quelle giornate in cui bisogna convivere col maltempo. Decido quindi di andare al vicino centro commerciale dove c'è anche una biblioteca. Per arrivare mi bagno un po', ma niente di grave, con un bel bicchierone di cappuccino caldo tutto si sistema. Cammino dentro lo shopping center con gli occhi verso l'alto alla ricerca delle indicazioni per la biblioteca. Giro l'angolo e vado quasi a sbattere con un ragazzo magro e decisamente più alto di me. Lo guardo in viso e rimango senza parole ed anche lui rimane a bocca aperta. È Francesco, un ragazzo della mia città e nessuno dei due sapeva della presenza dell'altro qui a Dublino. Ci salutiamo, gli chiedo cosa stesse facendo da queste parti e scopro che pure lui è qui alla ricerca di un lavoro. Quando eravamo a Senigallia siamo usciti qualche volta con la stessa comitiva, ma non siamo mai entrati in stretta confidenza.

Nonostante l'esserci frequentati poco in passato, sento un gran piacere nell'averlo incontrato, nel vedere una faccia conosciuta. Lui è arrivato già da più di due settimane e mi svela qualche segreto per ottimizzare la ricerca di un lavoro in città: "Non perdere tempo a consegnare i curriculum alle agenzie, fai tutto online. Creati un buon CV e candidati direttamente nei loro siti e, cosa fondamentale, consulta quotidianamente il sito jobs.ie, lì troverai un sacco di offerte anche per chi parla italiano come noi." In più mi dice che se non ho un pc o una connessione internet, qui sopra c'è la biblioteca dove si possono utilizzare i computer gratuitamente. In biblioteca organizzano anche degli scambi linguistici ovvero degli incontri fra persone italiane ed irlandesi (o madrelingua inglesi), ottimo modo per parlare inglese e fare amicizia. Ci salutiamo scambiandoci i numeri di telefono con la promessa di rivederci presto: deve andare a vedere delle case e mi anticipa che a Dublino è più difficile trovare casa che lavoro.

Incontrarlo è stato bello per quanto inaspettato, rivedere una faccia "di casa" è stata una lieta sorpresa. Seguo il suo consiglio e visto che il tempo non è assolutamente clemente, salgo subito al piano superiore per iscrivermi alla biblioteca. Chiedo di poter utilizzare un computer e me ne assegnano uno. "Number twelwe" dice la signora dal sorriso dolce che lavora allo sportello. È una donna sulla sessantina, capelli bianchi e una camicetta verde con dei piccoli fiori colorati. Sarà il suo look o il suo sorriso, ma questa signora mi da tranquillità e sicurezza. Dopo poco la vedo far merenda con una barretta al cioccolato ed un pacchetto di patatine in busta. Anche questa immagine mi colpisce e mi fa notare le differenze con l'Italia.

Prendo posizione al numero 12, alla mia sinistra c'è una coppia di italiani, dall'accento sembrano campani, a destra una ragazza spagnola e fra tutti e tre non so chi sia il più caciarone con il timbro di voce molto alto. Davanti, invece, c'è un ragazzo sicuramente anglosassone, forse irlandese, e lui è in totale silenzio. Anche questa contrapposizione fra chi mi sta di fianco e questo ragazzo mi fa sorridere, siamo veramente diversi noi latini. Ci sono degli aspetti tipici nostri che preferisco, ma in una biblioteca credo proprio che sia più giusto e consono l'atteggiamento del ragazzo anglosassone.

Accedo al mio account di posta elettronica per vedere se qualcuno mi ha scritto, ma trovo solo pubblicità e newsletter di servizi a cui mi ero iscritto tempo fa.

Scarico il curriculum sul computer che sto utilizzando e comincio a cercare su google i siti delle agenzie di recruitment irlandesi e anche il sito che mi aveva consigliato Francesco.

Entro nel primo, clicco su "Sign Up", compilo il form di iscrizione con i dati richiesti, carico il cv e scrivo una breve presentazione del mio profilo professionale.

Solitamente inserisco poche parole, già trovo difficoltà nel descrivermi in italiano figuriamoci in inglese! La procedura è molto simile per tutti i siti, quindi ci prendo mano ed impiego sempre meno tempo. Poi arrivo al sito Jobs.ie, dove trovo una lista di offerte di lavoro in tutta Irlanda. Noto che c'è una posizione aperta da poco per italiani a Dublino, carico il mio CV ed invio la candidatura. Mi chiedo se mai mi chiameranno, dopotutto perché dovrebbero scegliere proprio me? Non ne vedo il motivo.

Una veloce lettura ai siti dei quotidiani italiani e poi lascio la biblioteca; mi è presa una gran fame. Vado al supermercato che si trova nello stesso shopping center della biblioteca. Sandwich, patatine e coca-cola. Con 2 euro e 50 centesimi ho pranzato. Sono quasi le tre del pomeriggio, il tempo è ancora brutto, ma in questo preciso momento non sta piovendo. Decido quindi di incamminarmi verso casa, non ho molto da fare in giro e così ne approfitto per riposarmi un po'. Arrivo a casa, mi siedo sul divano e gli occhi mi si chiudono in un attimo. Sento toccarmi la spalla, è il mio amico che è tornato a casa dal lavoro, ciò vuol dire che sono almeno le 5.20 e quindi ho dormito un paio d'ore.

Sono stanco, sia fisicamente che mentalmente.

Passo le giornate a vagare per una città che non conosco ancora bene e la tensione per non sapere cosa ne sarà di me, ci mette il carico da novanta.

Anche il mio amico è stanco e giù di morale, decide di cenare alle sei e poi andare direttamente a letto. Mi dice che posso usare il suo computer, ancora non ne ho uno mio.

Ne approfitto per leggere di nuovo la mia posta (senza nessuna novità) e per chattare per la prima volta da quando sono arrivato con la mia ragazza. È emozionante sentirla, anche se solo attraverso una tastiera.

Lei è entusiasta e cerca di infondermi tutto il coraggio che mi serve. Si rende conto che non sono al massimo, non sono la solita persona spavalda. Quando mi chiede come sto non posso far altro che ammettere che non va molto bene.

Ci rifletto bene e capisco che ciò che più mi pesa è la solitudine. Fare amicizia in una città grande non è semplice e le uniche due persone che conosco, una sta vivendo un momento di depressione e l'altra si trova abbastanza distante da dove sto attualmente e non è facile organizzarci.

Cambiamo tema, le chiedo se ha qualcosa da raccontarmi, ma come immaginavo nulla è cambiato in questi giorni. Ora deve uscire, lavora come receptionist in un hotel di Senigallia e oggi le tocca il turno di notte.

Anche la chat con lei mi lascia in bocca un sapore amaro. Quando non sei felice e contento, i bei ricordi stranamente si impossessano della tua mente e ti fanno soffrire di più. Vorrei ora essere con lei, accompagnarla al lavoro o andare a prenderla domani mattina, ma così non sarà. Lo stomaco è chiuso, non mi va niente da mangiare e vado direttamente a dormire.

Sono le 6.40 del mattino, finestre spalancate, ci saranno 6-7 gradi in sala, per cui sono costretto ad alzarmi. Ho fame, non ho cenato ieri sera e ho solo due biscotti. Faccio una doccia e decido che andrò a prendere un cappuccino con triple chocolate muffin, al primo Costa Cafè che incontro per strada. Sono affamato ed ho bisogno di energie. Come sempre non esco prestissimo, prima lascio la precedenza ai proprietari di casa. Chiudo la porta e guardo l'orologio, sono le 10, un orario perfetto per fare una colazione abbondante per poi continuare con i miei giri. Il primo bar che incontro è di una catena che non mi fa impazzire, soprattutto il sapore del suo caffe non mi piace, non che quello delle altre catene siano ottimi, ma almeno sono accettabili, quindi decido di continuare, ancora riesco a gestire la fame.

Appena superato questo bar mi arriva una chiamata da un numero privato. Rispondo e dall'altra parte sento la voce di una ragazza, capisco che è una recruiter. Incomincio ad andare nel panico, lei continua a parlare e capisco poco di quello che mi sta dicendo. In pratica intuisco, dopo tre o quattro richieste di conferma, che mi ha dato un appuntamento nel suo ufficio di Dublino per il giorno dopo. Poi mi rilasso perché mi dice che mi invierà a breve un'email con tutte le informazioni necessarie.

Sono al settimo cielo, non so ancora di che lavoro si tratti, se mi prenderanno, dove sarà e quanto potrà essere lo stipendio; non so niente, eppure per il solo fatto che mi abbiano preso in considerazione e chiamato, sono felicissimo. Lo stomaco si rilassa e se prima avevo fame, ora mi mangerei tutto il bancone dei dolci. Faccio quindi colazione con calma e poi mi dirigo verso la biblioteca per utilizzare internet e tenere sotto controllo la mia email.

"Computer number thirteen", per fortuna mi consegna anche il bigliettino con scritto il numero: ancora faccio confusione quando mi dicono il thirteen ed il thirty. Come prima cosa accedo alla mia posta e trovo subito due email, la prima è per quel lavoro a cui mi ero candidato ieri, purtroppo la mia candidatura non era stata presa in considerazione, ma la seconda era quella che aspettavo con ansia. È da parte di quella ragazza che mi ha chiamato prima, mi chiede se sono disponibile per un colloquio domani alle ore 11 presso i loro uffici, hanno da propormi un'offerta di lavoro per Italian speaker a Cork. Ovviamente le rispondo in fretta dicendo che sono a totale disposizione e che domani mattina mi presenterò nei loro uffici per il colloquio. Controllo su Google Maps dove si trovino e noto con piacere che sono molto vicini a dove dormo attualmente, per cui sarà facile raggiungerli. Mentre leggo le ultime notizie accadute in Italia, noto che mi arriva un'altra email sempre dalla stessa recruiter che mi ringrazia e dice di non vedere l'ora di incontrarmi. Rimango sorpreso da tanta gentilezza, non sono abituato a ricevere questo tipo di trattamento; quando ero alla ricerca di un lavoro in Italia ho sempre trovato tanta freddezza.

Non dico a nessuno di questo colloquio, non vorrei creare false aspettative, ma dentro di me sono abbastanza ottimista.

Questa notizia ha acceso la mia giornata, gli irlandesi ora sono più simpatici, la pioggia non è più deprimente e penso di aver fatto molto bene a prendere la decisione di venire qui. Il tempo oggi scorre veloce ed è tutto incentrato a domani mattina. Cerco su google qualche consiglio per un colloquio in lingua inglese, sarà la prima volta e non mi sento molto preparato. Purtroppo però, online trovo solo consigli e segreti per sostenere colloqui di lavoro per profili molto qualificati.

Come mi capitava anche prima degli esami universitari, decido che è molto più importante arrivare sereni e rilassati, piuttosto che ultrapreparati, ma nervosi. Quindi chiudo tutto, vado a fare un po' di spesa e torno a casa. Sono passate le 6, quindi il mio amico e la sua ragazza dovrebbero essere già tornati, ma quando entro è tutto buio. Dopo due minuti, lui si affaccia dalla loro camera, mi dice che ha un gran mal di testa e mi chiede gentilmente di non fare troppo rumore. Mi dispiace vederlo così, quando l'ho conosciuto era una macchina da divertimento, ora invece è totalmente spento, Dublino lo sta divorando.

Mi metto a guardare la tv irlandese a basso volume, ma è decisamente noiosa. Per chi non ha la tv a pagamento ci sono solo quattro canali a disposizione e uno di questi è in lingua gaelica.

Mi preparo un piatto di pasta veloce e poi mi metto a dormire, domani sarà un'altra giornata molto importante.

Ore 7, il rito delle finestre spalancate torna a ripetersi. È un freddo incredibile, ma oramai sono abituato e a dire la verità, oggi mi fa bene svegliarmi con delle buona aria fresca.

Trovarmi davanti a delle sfide mi ha sempre eccitato e non vedo l'ora di dare il mio massimo. Il colloquio è previsto per le ore 11, quindi ho tutto il tempo per prepararmi e fare colazione con calma.

Cravatta o non cravatta? Non la metto mai, ma forse in questa occasione dovrei metterla. Il resto dell'abbigliamento è abbastanza formale, scarpa nera elegante, pantalone nero, camicia bianca e maglioncino grigio. Forse con la cravatta sarebbe troppo formale per un primo colloquio con il job recruiter. Mi auto convinco che posso farne a meno, forse anche perché sono poco pratico col nodo. Mi avvio con netto anticipo, se c'è una cosa che non sopporto è arrivare in ritardo, figuriamoci poi per un colloquio di lavoro. Mentre cammino nella mia testa entrano dei dubbi sulle domande che mi potrebbero fare, ma come spesso accade in queste circostanze, cerco di non pensare troppo e tenere la mente libera. Mi concentro quindi su cose più futili, come ad esempio il clima, c'è un timido sole, sembra quasi un segno. Arrivo sotto l'ufficio con venti minuti di anticipo e siccome non voglio fare la figura di quello che arriva troppo in anticipo, vado a prendermi un cappuccino al bar vicino. Faccio estrema attenzione a non rovesciarmi niente addosso, mi conosco e conosco la mia scarsa coordinazione, non vorrei presentarmi con una macchia di caffè sul maglione o sui pantaloni. Arriva il momento di tornare all'ufficio ed entrare. Suono, mi aprono, entro. Nella hall ci sono diverse insegne, l'ufficio dove devo andare è al primo piano, prendo le scale. Più salgo gli scalini e più aumenta la mia tensione. La porta è aperta, una segretaria è li ad attendermi. Come prima cosa mi chiede scusa perché sono loro ad essere in ritardo e dovrò aspettare un quarticello. "Do you want a coffee?", mi domanda per ingannare l'attesa, ringrazio, ma non accetto, ho già bevuto fin troppi beveroni per oggi. Comunque sia rimango di nuovo stupito di quanto siano educati e gentili. Mi siedo e comincio a leggere le varie targhe appese al muro. Nel mondo anglosassone è abbastanza comune vantarsi di tutti questi premi come miglior (qualsiasi cosa) per l'anno X. Mi chiedo sempre chi sia a decidere chi è il migliore e su che basi, ad esempio, come si fa a scegliere chi è stato il migliore recruiter dell'anno scorso? Mentre ragiono su questi aspetti totalmente inutili, chiamano una persona, ma non è il mio nome. È quello del ragazzo seduto qualche sedia più in là. Dal nome, dal suo aspetto fisico e da quelle due parole che scambia sembra essere scandinavo. Meglio, non è un mio concorrente. Mentre sta per entrare nell'ufficio per il colloquio, faccio caso al suo abbigliamento: giacca sportiva e leggera, camicia a scacchi verdi e neri, jeans con uno strappo sul ginocchio e converse. Non credo che lui questa mattina si sia posto la domanda sul cravatta sì cravatta no.

Il tempo trascorre lentamente, quando ad un certo punto esce il ragazzo scandinavo (o almeno credo che sia di quelle nazioni) e chiamano il mio nome, con la pronuncia sbagliata, ma oramai mi ci sto abituando. Mi alzo, entro nel piccolo ufficio e chiudo la porta dietro di me. Ad attendermi c'è una ragazza bionda, più o meno mia coetanea. Dalla voce mi pare di capire che è la stessa che mi aveva chiamato ieri. Mi fa accomodare su una poltrona mentre lei è seduta sul divano. In mezzo a noi c'è un tavolino basso con un paio di tazze sporche, quasi fossero li da qualche ora. Le prime domande sono le classiche che si pongono per rompere il ghiaccio e metterti a tuo agio: di che zona dell'Italia sono, da quanto sono in Irlanda, come mi trovo col clima irlandese ed altre domande del genere. Poi arriva la parte più difficile, ovvero quelle riguardanti il mio profilo professionale. La prima domanda me la deve ripetere due volte, la sua pronuncia non è semplice da capire. Vado in confusione e mi innervosisco. La ragazza con tutta calma cerca di farsi capire. La domanda era "per quale motivo penso che mi dovrebbero selezionare", tutto sommato non era poi così difficile, eppure non l'avevo capita. Andiamo avanti con un'altra domanda, questa volta credo di averla capita al volo e rispondo in maniera semplice, non voglio balbettare ed entrare in discorsi difficili da portare avanti. Dopodiché arriva un'altra domanda difficile, mi sento in imbarazzo perché devo di nuovo chiedere di ripeterla. Si nota che è abituata a lavorare con stranieri perché ripete senza nessun problema e cerca di farsi capire il più possibile. La sua gentilezza mi tranquillizza e, visto che le ultime domande sono abbastanza generiche, arriviamo alla fine del colloquio. La mia prima interview (colloquio) in inglese è finita! Ci salutiamo con la promessa che si sarebbero presi oggi e domani per fare altri colloqui e il prossimo Lunedì mi avrebbero inviato un'email per comunicarmi la loro decisione.

Sono abbastanza soddisfatto del mio primo colloquio, eccetto qualche problema con la comprensione di un paio di domande, il resto penso sia andato bene e credo di aver dato delle risposte convincenti. Cammino per strada come pesassi 50 kili in meno rispetto a qualche ora prima. Che faccio ora, chiamo casa, amici e ragazza per comunicare le mie impressioni sul mio primo colloquio? Meglio di no, perché anche se sono convinto di averlo fatto bene, non è poi così scontato che mi prendano e poi non vorrei trovarmi nella situazione di dover dare spiegazioni. È Giovedì, ora di pranzo; esattamente una settimana fa a quest'ora, ero atterrato a Dublino e, senza l'aiuto di nessuno, ho già sostenuto il mio primo colloquio di lavoro, devo esserne fiero.

Non vedo l'ora che sia Lunedì per scoprire l'esito delle loro scelte e, conoscendomi, il fine settimana sarà interminabile. Inizialmente avevo deciso di utilizzarlo per andare a vedere un po' di stanze presenti sul sito Daft.ie, ma col fatto che Lunedì potrebbero dirmi di andare a lavorare a Cork, preferisco rimandare queste visite. La mia giornata finisce in biblioteca, ma questo pomeriggio me lo prendo libero per cui utilizzo internet solo per chattare con gli amici e svagarmi un po'.

Venerdì mattina, il cielo è coperto, non sta piovendo, ma il tempo non promette nulla di buono. Decido di passare il fine settimana come se fossi un turista, tanto ora devo solo aspettare la risposta e non ho molto altro da fare. Mi sento abbastanza ottimista per come è andato il colloquio e la settimana prossima potrei già trasferirmi a Cork, quindi in questi 3 giorni visito bene la capitale.

Prima passo in biblioteca a vedere se mi è arrivata qualche nuova email importante. Dentro al centro commerciale incontro di nuovo Francesco che mi comunica che è stato assunto per un customer service nel settore della finanza. Inizierà Lunedì mattina e mi invita a festeggiare con lui ed i suoi amici. Ci vedremo domani sera a casa sua, ha trovato finalmente un alloggio: una camera condivisa in pieno centro, e poi finiremo la serata in qualche pub della zona.

Dalle email non ricevo nessuna notizia, se non l'invito ad una festa a Senigallia, evidentemente non tutti ancora sanno che mi sono trasferito in Irlanda. Torno al St. Stephen Green Park e da lì parto alla ricerca dei posti che avevo visitato qualche anno fa con la mia ragazza quando venni per la prima volta a Dublino. La poca memoria e lo scarso orientamento mi fanno perdere. Meglio così, sono dell'idea che il miglior modo per scoprire una nuova città sia quello di perdersi, soprattutto in una città non pericolosa come la capitale irlandese. Il giro turistico viene bruscamente interrotto da una forte pioggia; sembra una di quelle piogge che difficilmente smetteranno a breve. Prima mi rinchiudo in una caffetteria dove cerco di bere il mio solito cappuccino con più calma possibile e poi, appena la pioggia riduce un po' d'intensità, mi avvio a passo spedito verso casa, magari il mio amico e la sua ragazza hanno qualche progetto interessante per il Venerdì sera.

Arrivo a casa che sono completamente bagnato, ma è un'eventualità che bisogna mettere in conto quando ci si trasferisce qui. La situazione dentro casa è sempre gelida e non solo per una questione climatica. Non so quanto potranno reggere di questo passo. Lei esce con le sue amiche e, conoscendole, tornerà in pessime condizioni. Lui mi invita a bere una birra al pub, ma prima mangiamo una pizza surgelata e cotta al forno. Anche lui ha bisogno di risparmiare il più possibile.

Il fine settimana, come immaginavo, scorre lentamente. L'ansia per la risposta che sto aspettando cresce di ora in ora. Per fortuna il party di Francesco mi distrae un po'. Conosco i suoi nuovi amici, due bresciani, un gruppo di spagnoli, un portoghese, un brasiliano, un coreano, una ragazza francese ed un'affascinante ragazza cinese. Aveva amici di quasi tutte le parti del mondo e capisco che forse anch'io avrei dovuto pernottare in ostello invece che a casa del mio amico. Avrei sicuramente speso più soldi, ma avrei anche avuto più amicizie, cosa che mi manca molto in questo momento. Sono errori (se così si possono chiamare) che scopri soltanto in un secondo momento.

Eccoci finalmente arrivati a Lunedì mattina. Mi sveglio presto, l'attesa non mi fa dormire bene. Il tempo è pessimo anche oggi; una pioggia costante e di media forza sta riempiendo le strade di acqua. Andare in biblioteca potrebbe essere un problema, soprattutto per uno come me che in tutti questi giorni non ha "trovato" il tempo di comprarsi un ombrello. Chiedo quindi al mio amico se posso utilizzare il suo computer mentre lui è in ufficio. Mi dà il permesso, è sempre gentilissimo, nonostante le sue cose non stiano andando per il verso giusto e forse anche la mia presenza cominci a pesargli. Anche per questo motivo spero di ricevere una notizia positiva questa mattina.

Mi metto al computer, accedo al mio account di posta elettronica e tengo vicino il cellulare, non sia mai che mi contattino per telefono invece che via email (mi lascio ogni possibilità aperta). Il tempo passa lentamente, nessuna novità, mi sento un'idiota a stare davanti al pc in attesa. Nel frattempo leggo tutti i quotidiani italiani ed anche le notizie sportive. Ad un certo punto compare il numero uno vicino alla casella Inbox della mia posta, ciò sta ad indicare che ho ricevuto una nuova email. Il cuore batte forte, ma si tratta soltanto di una pubblicità. Li mando a quel paese e torno a leggere le notizie sportive.

È ora di pranzo, metto sul fuoco l'acqua per la pasta e con un occhio continuo a guardare lo schermo. Il tempo passa inesorabilmente, le 2, le 3, le 4... Cerco di trovare tutte le possibili motivazioni positive per questo ritardo ad esempio penso che solitamente si avvisano prima le persone scartate e poi quelle selezionate e quindi il fatto che stiano tardando è un fattore da considerare positivamente; un'altra possibilità è che non sono riusciti a terminare tutti i colloqui entro Venerdì per cui hanno dovuto utilizzare anche questa mattina e ancora devono cominciare ad inviare le risposte.

Il tempo però continua a passare e le "scuse" che mi ero creato cominciano a cadere una ad una. Si sono fatte le cinque del pomeriggio; dopo pochi minuti torna il mio amico dal lavoro e mi chiede di lasciargli il computer. Quindi per oggi non avrò altre notizie, dovrò aspettare come minimo altre 16 ore. Nonostante i motivi di questo ritardo possano essere diversi, il mio umore sta peggiorando. L'idea di non essere stato preso in considerazione prende sempre più piede nella mia testa e con questi pensieri negativi vado a dormire.

Martedì mattina, il clima è leggermente migliorato rispetto a ieri. Decido di fiondarmi in biblioteca per tenere sott'occhio le mie email. Arrivo poco dopo l'orario di apertura, verso le 10.15. Qui i centri commerciali e soprattutto questa biblioteca osservano orario continuato fino tarda sera, ma alla mattina aprono con calma. Mi siedo al computer, attorno a me non c'è ancora nessuno, mi godo il silenzio. La pagina principale della mia posta elettronica indica il numero 3, ovvero tre nuove email. Una è pubblicità, una di quelle odiose catene di sant'antonio ed un'offerta di lavoro per Italian and French speaker. Quindi ancora nessuna risposta, ma me l'aspettavo, anche loro aprono l'ufficio verso le 10. Attendo un'oretta e poi decido che devo fare qualcosa, non riesco più ad aspettare. Potrei inviargli un'email chiedendo informazioni, ma forse non è una buona idea, non vorrei "rompere" troppo o forse invece è una cosa positiva: gli farei vedere quanto sono interessato a quel lavoro. Non so proprio cosa fare. Intanto la scrivo e poi decido se inviarla o cestinarla. Poche righe, semplici, ma dirette. La mail è quindi pronta, ora devo solo decidere quale tasto premere: invia o cancella. Ci penso a lungo, per qualche istante sono convinto che farsi sentire sarebbe la miglior cosa da fare, mentre in altri penso tutto il contrario. Invio, non invio, invio, non invio…basta! Le decisioni migliori sono quelle che si prendono senza pensarci troppo. Porto il cursore del mouse sul tasto "Invia" e premo. "Email inviata con successo" dice lo schermo. Bene, ora una risposta me la dovranno dare. Dopo nemmeno venti minuti ricevo questa fatidica risposta. La stringa che si può vedere dalla pagina principale, mi fa vedere solo questi dati: il mittente, l'oggetto che indica che è una risposta alla mia email iniziale, l'inizio del testo che recita "Dear Stefano, I'm sorry for the late reply…" e nient'altro. Per cui per sapere l'esito del mio colloquio devo entrare e leggere tutta l'email.

Mi sento il cuore in gola, il mio futuro professionale potrebbe cambiare a breve ed è tutto racchiuso in questa email.

Trovare lavoro dopo 10 giorni dal mio arrivo sarebbe fantastico.

Faccio un grosso respiro ed apro l'email.

La leggo a bassa voce e, in fretta, supero la parte dove si scusavano per il ritardo. Arrivo quindi al "clou" dove si dice che nonostante la posizione sia per un lavoro in lingua italiana, è richiesto un minimo livello di lingua inglese per comunicare con gli altri dipartimenti e con i manager. Purtroppo il mio livello di inglese non è stato ritenuto sufficientemente buono per procedere con la mia candidatura. Quindi la risposta è un secco NO.

Mi sento sprofondare, non solo la risposta era negativa, ma la motivazione era abbastanza pesante. Cerco delle spiegazioni alla mia bocciatura. L'anno scorso durante il Progetto Leonardo in Irlanda del Nord ero uno di quelli col miglior inglese e riuscivo a tenere una conversazione senza problemi. Possibile che mi abbiano scartato per la lingua? Forse la ragazza che mi ha fatto il colloquio aveva un pessimo accento, per questo motivo non la capivo e quindi è sembrato che il mio inglese non fosse abbastanza buono. Sono alla ricerca di qualche scusante per tirarmi su di morale, ma la botta è stata veramente forte. Per fortuna non avevo detto a nessuno di questo colloquio, così ora non devo spiegare a nessuno il mio insuccesso.

La nottata è lunga, non riesco a chiudere occhio.

Nella mia testa ci sono solo le parole di quella email.

Forse mi sono sopravvalutato, non sono in grado di trovare un lavoro all'estero, la mia dimensione è quella di una piccola cittadina come Senigallia, con un lavoro mal pagato e poche possibilità di crescita. Non sono abbastanza preparato e non ho la giusta personalità per lavorare in un contesto internazionale.

Mi addormento che sta quasi albeggiando, ma dopo poche ore mi devo alzare.

Il colloquio è andato male, la schiena è a pezzi per le due settimane passate a dormire su un divano a due piazze e quest'ultima notte passata in bianco. Questo mix mi fa capire che ho sbagliato tutto, l'Irlanda non è il posto dove voglio vivere. Appena mi metto al computer invio un'email ai ragazzi dell'agenzia viaggi dove lavoravo dicendo che l'esperienza in Irlanda sta per finire e se vogliono posso tornare a lavorare per loro. So che inviare questa email è un grosso errore. Non me ne sto rendendo conto, ma mi trovo in uno stato confusionale che mi fa fare cose sbagliate.

La mia ragazza è online, decido quindi di contattarla, parlare con una persona che mi conosce bene mi farà stare meglio. All'inizio della nostra chattata ci facciamo le solite domande "come stai?"; "che hai fatto in questi giorni?"; "come va il lavoro? (il suo)". Passate queste prime domande molto fredde, decido di aprirmi e scaricarmi. Non ce la faccio più a tenermi tutto dentro. Inizio con la frase "Ho deciso che torno in Italia fra poco e poi andrò in Spagna" e poi continuo: "Il clima irlandese mi fa schifo, la lingua non mi piace, è molto meglio la Spagna per le mie caratteristiche".

Lei si prende qualche istante per rispondere, poi comincia a scrivere. Scrive e cancella, scrive e cancella. So che mi sta scrivendo tutto ciò che pensa, per cui mi preparo al peggio. La sua risposta inizia con "ma sei scemo?" e continua con "tutto questo tempo ad organizzare il trasferimento in Irlanda, a dire che con il solo spagnolo non avresti potuto fare la carriera che desideravi e già vuoi mollare tutto? Pensi davvero che una nazione come la Spagna possa darti un futuro migliore? Vuoi sapere invece cosa penso? Penso che tu voglia solo scappare davanti alla prima difficoltà, magari non ti hanno preso al primo colloquio di lavoro (beccato in pieno!) e ora ti sembra tutto storto e negativo. Invece di scappare, rimboccati le maniche e lotta! Non cercare di scaricare le colpe sugli altri, cerca di colmare le tue lacune e cerca di trovare la tua strada. Niente è facile!".

Boom…colpito nel segno, anzi colpito ed affondato.

Ha totalmente ragione e se ciò che mi ha scritto mi fa male è proprio perché è tutto vero. Faccio fatica ad ammetterlo, ma è così. La ringrazio e chiudiamo la chattata. Esco dalla biblioteca come una persona che è stata presa per le spalle e scrollata per ore. Sono sballottato, frastornato. Ora devo ritrovare me stesso e ritrovare la determinazione che avevo quando ho preso la decisione di venire in Irlanda. Decido che tutto oggi lo prenderò per svagarmi e non pensare a nulla, ma da domani si cambia registro. Come e cosa cambierò non lo so, ma qualcosa farò.

Stefano, è ora di cambiare registro! Non posso abbattermi così facilmente.

Il progetto di cambiare vita e trovare lavoro all'estero è molto duro, non ci si può tirare indietro alla prima difficoltà o alla prima delusione. Anche se brucia, devo analizzare le cause della mia sconfitta. Punto primo: il mio inglese non è sufficientemente buono.

Soluzione: studiare.

Non perdo tempo, vado in biblioteca e noleggio un libro di grammatica, poi passo al supermercato economico, reparto cancelleria e compro un raccoglitore ad anelli e dei fogli con i fori da inserirci. Ho una memoria molto visiva e scrivere mi aiuta a ricordare, così decido di creare un mio vocabolario personalizzato. Ogni qual volta durante la giornata trovo delle parole che non conosco, ne cerco il significato e poi lo aggiungo al mio dizionario, sia nella parte italiana che in quella inglese. Oltre alle parole aggiungo anche dei modi di dire ad esempio "I'm blue" che significa "sono triste" o acronimi come "ASAP" (per chi non lo sapesse sta ad indicare "As soon as possible", il prima possibile).

Dopo essere stato in biblioteca ed al supermercato torno a casa per iniziare a studiare. Sono una persona che ama gli schemi, ho una mentalità molto matematica, per cui decido di avere degli orari ben definiti da seguire da questo momento in poi. Dalle 8.30 alle 10.30 studio inglese, poi fino alle 16 vado in biblioteca a cercare lavoro, candidandomi a tutte le offerte che appaiono sui migliori siti, dalle 16 fino a quando ne ho voglia studio ancora la lingua e il lunedì dopo cena vado in biblioteca dove organizzano lo scambio linguistico. Sento anche l'estremo bisogno di conoscere nuove persone; sono sempre da solo e ciò non aiuta la mia condizione psicologica.

Questo nuovo piano mi mette di buon umore.

Torno a casa e mi metto subito a preparare il mio vocabolario, poi apro il libro e inizio a studiare. Il tempo vola, la giornata passa in fretta. Non mi muovo più da casa a causa del maltempo, per cui la parte della ricerca lavoro per oggi salta. Il mio amico torna a casa e nel vedermi a tavola preso dai miei studi scoppia a ridere. Il suo inglese è ottimo e lo ha migliorato molto frequentando la sua ragazza irlandese ed i suoi amici.

"Non perdere tempo sui libri, trovati una ragazza native speaker" mi consiglia. Anche se il suo consiglio mi aiuterebbe, preferisco non deconcentrarmi e continuare a studiare; so di star facendo la cosa più giusta. A fine giornata ho già inserito una cinquantina di termini nel mio personale vocabolario che ho organizzato in questa maniera: nella prima parte c'è la traduzione dall'italiano all'inglese e nella seconda il contrario. Ognuna delle due è poi divisa per lettere in ordine alfabetico. La prima parola della prima pagina è "abbraccio=hug", non lo dimenticherò mai!

Venerdì mattina, mi sveglio con una gran voglia di studiare e di continuare il mio percorso. Faccio una breve colazione, aspetto che il mio amico e la sua ragazza escano per andare al lavoro e poi mi metto a studiare. Guardando in giro per la stanza noto una rivista di moda, sicuramente sarà di lei. La prendo e cerco un articolo non troppo lungo e nemmeno troppo tecnico. Voglio seguire lo stesso metodo che utilizzavo quando vivevo a Tenerife e studiavo spagnolo, ovvero prendo degli articoli a caso, li traduco, li studio ed inserisco nel mio vocabolario tutti i nuovi termini che ho scoperto. Questo tipo di esercizio mi porta via più tempo del previsto così che, invece di uscire alle 10.30, esco alle 12 passate. Nessun problema, riuscirò a fare le stesse cose anche se in minor tempo. Una volta arrivato in biblioteca e collegato ad internet noto che ci sono quattro nuove buone offerte di lavoro per Italian speakers. Mi soffermo a leggerle con cura e mi candido a tre di queste. Ogni volta che invio una candidatura mi sembra di accendere una nuova luce. Speriamo che una sia quella buona.

Nel fine settimana il tempo è molto buono (almeno per i canoni irlandesi) quindi lo passo volentieri fuori e per continuare nel mio studio organizzo un "giochino" carino. L'idea è quella di entrare in negozi di diverse tipologie e far finta di essere interessato ai loro prodotti. Così da avere una conversazione con i dipendenti e far pratica su più temi utilizzando un vasto vocabolario e dei termini che difficilmente mi ricapiterà di utilizzare in breve tempo. Ovviamente poi quei prodotti non li compro, ma mi serve per chiacchierare in lingua. Sembra un giochino stupido, invece è molto utile. Fra un negozio di elettronica, uno di scarpe sportive, uno di souvenir irlandesi ed uno di prodotti alimentari polacchi, passo quasi due ore del pomeriggio in questa maniera.

Un paio di birre con gli amici, un giro al parco, la visione di Manchester United – Chelsea sul grande schermo del pub, termina così il fine settimana.

Inizia quindi la terza settimana in Irlanda. La voglia di mettermi sui libri è tanta ed è un ottimo segno, non esiste cosa peggiore dello studiare controvoglia.

Unit 5: oggi ripasso la conversazione telefonica e direi che è perfetto per la mia situazione attuale. In biblioteca ci vado in ritardo visto che ci rimarrò fino alle 20 per lo scambio linguistico. Ci sono altre due nuove offerte per chi parla italiano in Irlanda, una per un'importante azienda che produce le pellicole fotografiche con sede a Limerick ed una per una multinazionale della telefonia con sede a Cork. Mi candido per entrambe le posizioni, voglio trovare lavoro, dove non mi importa! L'appuntamento con i ragazzi dello scambio linguistico è carino, si svolge nella ludoteca, quindi già l'ambiente stesso è giocoso e mette di buon umore. Siamo una quindicina di italiani e tre irlandesi. La maggior parte dei miei connazionali è arrivata da poco come me, mentre il gruppo irlandese è composto da tre dolci anziani che vogliono imparare qualche parola italiana per andare in vacanza in Italia. Ci dividiamo in gruppi; in pratica ad ogni irlandese vengono abbinati 5 italiani. Il signore al mio tavolo ha una faccia buffa con capelli lunghi e barba bianca, se fosse un pochino più paffuto sembrerebbe Babbo Natale.

Gli facciamo un po' di domande generali sull'Irlanda, lui corregge i nostri errori e poi prova a rispondere in italiano…che fatica, poverino! Il tema che più ci incuriosisce è la spiegazione per cui in Irlanda piove così spesso, dovuto dalle correnti d'aria che creano ciclicamente delle nuvole sopra il paese dei folletti e del Regno Unito. A dire il vero non ho ben capito cosa abbia cercato di dire nel suo italiano stentato, ma è stato comunque interessante. Scambio il numero di telefono con alcuni dei ragazzi che hanno partecipato allo scambio linguistico, andremo a berci una birra una di queste sere.

La giornata di Martedì passa velocemente, mi sto abituando al ritmo dello studio e del controllo delle offerte di lavoro. La mattinata di Mercoledì inizia invece con una sorpresa. Sono le 10 quando ricevo una telefonata da un numero privato. È un'agenzia di recruitment, sono interessati al mio CV e vorrebbero farmi un colloquio per quella multinazionale della telefonia a Cork per la quale mi ero candidato Lunedì scorso. L'appuntamento è per il prossimo Lunedì in un hotel nella città di Cork, accetto molto volentieri. La notizia di questo nuovo colloquio mi accende la giornata. Forse è il caso di andare a Cork qualche giorno prima, così da conoscere meglio questa città e capire se potrebbe piacermi viverci. Prenoto un ostello da Sabato così da passarci il fine settimana ed essere già lì Lunedì mattina.

Visto che il mio primo colloquio era fallito miseramente per il fatto che non riuscivo a capire le domande che mi venivano poste, forse è meglio che questa volta studi seriamente ciò che viene chiesto più frequentemente durante queste selezioni. Lo studio di oggi e dei prossimi giorni lo focalizzerò su questo tipo di conversazioni e da internet scarico qualche informazione utile sulle interview specifiche per un lavoro di customer service.

Sabato mattina, preparo un piccolo bagaglio e mi dirigo verso la stazione degli autobus. Parte un bus per Cork ogni due ore e non c'è bisogno di prenotazione, si trova quasi sempre un posto facilmente, per cui me la prendo con calma. Riesco a salire su quello delle 12, ci impiegherà poco meno di 4 ore per cui a metà pomeriggio sono già a Cork. Appena scendo dal bus noto come le dimensioni della città siano notevolmente più piccole rispetto a Dublino. Chiedo informazioni su come arrivare all'ostello che avevo prenotato, è abbastanza vicino, devo solo attraversare il ponte e percorrere una salita un po' impegnativa da fare con il bagaglio. Non sono più abituato a salite e discese, la città di Dublino è tutta in pianura.

Arrivo all'ostello, procedo con il check in ed in camera conosco due australiani, anche loro appena arrivati. Mi chiedo come sia possibile che due persone che provengono da così lontano siano finite in questa città così piccola.

L'ostello è carino, abbastanza pulito, lo staff è gentile e si trova in una posizione centrale. Cork, a primo avviso, non mi piace. Non è molto grande, non ha parchi in centro, o meglio, ne ha uno, ma è brutto e poco invitante. C'è pochissima gente in giro rispetto a quella che ero abituato a vedere nella capitale, dove ogni volta che si attraversano le strade del centro c'è una baraonda che ti accompagna.

Oggi è Domenica, come prima cosa vado a vedere dov'è l'hotel dove domani mattina avrò il colloquio. Faccio un giretto per il centro, pranzo al McDonald e poi passo il resto della giornata all'internet point vicino all'ostello.

Arriviamo finalmente a Lunedì mattina, mi sveglio presto, sia dovuto al fatto che non sono più abituato a dormire su un letto e poi anche perché gli altri ragazzi della camera dovevano partire presto e quindi hanno fatto molto rumore.

Esco in anticipo, così vado a fare colazione in qualche bar vicino all'hotel. Vado a passo spedito e tranquillo, ieri avevo già perlustrato la zona e ricordo come arrivarci o almeno è quello credevo perché dopo poco mi rendo conto che mi sono perso. Ricordavo che era a due passi dal fiume, quindi non ho fatto altro che costeggiare la sponda, ignorando però che il fiume a Cork ad un certo punto si divide in due rami ed io ovviamente stavo seguendo il ramo sbagliato. Per fortuna esco sempre in netto anticipo e riesco quindi ad arrivare comunque in tempo. Alla fine il fatto, di non essere arrivato con troppo anticipo, gioca a mio favore, non ho tempo per innervosirmi pensando a cosa potrebbero chiedermi. Entro in hotel e chiedo dove si tengono i colloqui di lavoro, mi indicano una stanza. Apro la porta e trovo una ragazza dall'aspetto tipico irlandese, occhi molto chiari e capelli rossi; anche lei avrà più o meno la mia età. È il mio secondo colloquio in Irlanda, ma già ho capito quanto sia più bassa l'età media degli impiegati rispetto allo standard italiano. Anche lei, come la ragazza del primo colloquio, cerca di mettermi a mio agio. Si scusa per il fatto che son dovuto venire fino a Cork e che non sono riusciti ad organizzarmi un appuntamento a Dublino o via Skype. La loro gentilezza non finisce mai di stupirmi.

Iniziamo il colloquio vero e proprio.

Si comincia con le classiche domande di rito per poi passare a quelle più specifiche. Anche questa ragazza ha un accento abbastanza difficile da comprendere, ma riesco comunque a captare qualche parola chiave che mi aiuta a comprendere il senso di tutta la domanda. Subito mi rendo conto di quanto sia stato importante studiare inglese e preparami in questi giorni, sia per capire meglio le domande della ragazza sia per la spigliatezza con cui le rispondo. Fra le varie domande che mi pone, quella che mi mette più in difficoltà è quella riguardante a come mi comporterei nel caso ricevessi una chiamata di un cliente arrabbiato, ma per fortuna sono riuscito a farmi venire in mente qualche risposta velocemente e sembra che sia rimasta soddisfatta. L'interview dura poco più di 30 minuti, ci salutiamo e le chiedo di farmi sapere anche in caso negativo, non voglio trepidare come per il primo colloquio.

Esco dall'hotel e mi perdo un'altra volta. Viva l'orientamento!

Ora sono più rilassato e la fame mi divora. Ripenso al colloquio appena sostenuto e ne sono abbastanza soddisfatto, sicuramente ho fatto una figura migliore rispetto al primo, ma, visto che ero soddisfatto anche quella volta, non mi voglio illudere nuovamente. Mi concedo il lusso di pranzare al pub, ordino una bistecca ed una pinta di birra chiara. Quando termino sono già le tre del pomeriggio, mi dirigo verso l'internet point così da passarci un paio d'ore per tornare poi in ostello e riposarmi. I piani però vengono sconvolti da una telefonata. Cerco un posto dove non ci sia troppo rumore per capire bene cosa mi dicono, non vorrei rischiare di fare figuracce. Appena l'interlocutore inizia a parlare riconosco la voce. È la ragazza con la quale ho sostenuto il colloquio questa mattina. Mi comunica che ha riferito i risultati del mio colloquio ai suoi colleghi e hanno deciso di procedere con la mia candidatura. Mi chiede fino a quando resto a Cork, perché vorrebbe organizzarmi un altro colloquio, ma questa volta direttamente con la ditta, per domani mattina. Ovviamente accetto e fissiamo l'appuntamento per le 11. Mi fornisce quindi l'indirizzo, è in pratica la stessa via dove mi sto trovando in questo momento, anzi mi giro e da lontano vedo l'insegna luminosa della famosa ditta del settore della telefonia.

Bene, questa volta non mi posso proprio perdere.

Entro all'internet point, mi sento molto felice. Ancora non avevo un lavoro, ma il solo pensiero di aver superato un colloquio mi rende molto fiero e ciò che mi fa sentire ancora più orgoglioso è che l'ho superato grazie agli studi che ho sostenuto in questi ultimi giorni.

Cerco su internet tutte le informazioni sulla ditta, non si sa mai che domani mi chiedessero alcune cose su di loro e non mi voglio far trovare impreparato.

Il tempo vola, sono le otto di sera e devo ancora informare l'ostello che rimarrò una notte in più, anche se non ci dovrebbero essere problemi visto il numero di letti vuoti. Passo quindi in reception ed infatti mi confermano la disponibilità.

Esco e cerco del cibo leggero per dormire bene. La notte passa tranquilla, mi sto riabituando a dormire su un letto ed in camera c'è soltanto un altro ragazzo molto silenzioso: situazione ottimale per riposare bene. Mi sveglio col pieno delle forze, vado a fare colazione al centro commerciale che dista un centinaio di metri dall'ostello. Provo i loro cookies con pezzi di cioccolata, una bomba di burro, ma una bontà inspiegabile.

Alle 10.55 sono sotto l'edificio della ditta, cercando di capire da quale lato entrare. Lo trovo ed entro. La segretaria mi accoglie e mi fa accomodare, dovrò aspettare qualche minuto. Mentre aspetto mi cade l'occhio sui piedi della segretaria che sono senza scarpe. Rimango un po' perplesso, non me lo aspettavo. Nel frattempo lei comincia a farmi delle domande, fra le quali mi chiede da quale nazione vengo e rispondo "Italy". Come rispondo le si illuminano gli occhi, era appena rientrata da una vacanza nel nostro paese e ne era rimasta affascinata, soprattutto dalle bontà culinarie. Mi racconta che le due cose che più l'hanno colpita sono la "bruscetta" (ovviamente non sa che in italiano si pronuncia bruschetta e non ho il coraggio di correggerla) ed il gelato. Mentre parliamo dell'Italia, i minuti d'attesa passano. Noto che nella stanza vicina, separata da una porta vetri nel mezzo, c'è un bar dove ci sono diversi ragazzi seduti. Parlano fra loro tenendo in mano delle tazze. Dalle mie prime impressioni mi sembra di notare che ci sia un ambiente giovanile ed un'atmosfera rilassante, le persone non sembrano affatto stressate. Venendo da una nazione dove lo stress sembra essere alla base di ogni rapporto lavorativo, mi fa molto strano vedere tutto questo relax fra i vari colleghi.

Ad un certo punto si apre una porta dalla quale escono due persone, un ragazzo non troppo alto in giacca e cravatta, ed una ragazza con un tailleur blu e camicia azzurra.

Sono le persone con le quali sosterrò il colloquio.

Mi portano in un piccolo ufficio e tirano fuori dei fogli. Mi chiedono i miei dati personali e poi mi domandano per quale motivo vorrei lavorare per loro. Mi ero preparato la risposta ad una domanda del genere, per cui vado abbastanza spedito (evviva, ho rotto il ghiaccio!). Continuano con una domanda che mi aveva posto anche la ragazza del job recruiter, ovvero come mi comporterei nel caso ricevessi una chiamata da parte di un cliente arrabbiato, gli ripeto la stessa risposta che avevo dato ieri aggiungendo qualche piccolo dettaglio in più. Altre due domande sulle mie esperienze lavorative passate ed il colloquio è terminato. Mi salutano confermandomi che mi faranno sapere qualcosa, qualunque sia la loro decisione finale. Uscendo, attraverso di nuovo la hall e saluto la segretaria. Controllo l'orologio e dal momento in cui ero entrato non sono passati nemmeno quaranta minuti…eppure a me sembrava fosse passata un'eternità. Come ogni volta che finisco un colloquio (o un esame) mi si apre una voragine nello stomaco. Vado a prendermi un altro cookie come quello di stamattina, mi è piaciuto troppo.

Prima di andare all'internet point per trascorrere il pomeriggio, passo alla stazione degli autobus per vedere a che ora posso prendere il bus per tornare a Dublino domani mattina.

Decido di partire abbastanza presto, Cork non mi è piaciuta e me ne voglio andare il prima possibile.

Il pomeriggio e la serata li passo in tranquillità, sapere che domani non avrò nessun colloquio mi fa rilassare.

Mercoledì mattina alle 8 in punto salgo sull'autobus per Dublino, farà diverse fermate ed arriverà alla capitale per mezzogiorno inoltrato. Quando manca un'oretta all'arrivo, subito dopo la sosta in una specie di autogrill dove vendono del pollo fritto in un olio che è stato aperto durante i mondiali di calcio di Italia 90, mi arriva una telefonata. Spero che siano dalla ditta di Cork per darmi una buona notizia, invece è un'altra agenzia di recruitment che vorrebbe propormi un colloquio per una compagnia aerea a Dublino. Accetto senza pensarci due volte. L'appuntamento è per la mattina successiva negli uffici della compagnia aerea che si trovano in un'area commerciale che dista un'oretta di bus dal centro. Forse sono più preoccupato per la paura di perdermi e non trovare l'ufficio che per il colloquio in sé. Arriviamo a Dublino e mi dirigo immediatamente in biblioteca per leggere maggiori informazioni sulla compagnia che mi vuole conoscere domani. Attraverso un paio di vie del centro fra cui anche la centralissima O'Connell Street che, come sempre, è strapiena di gente. Ad ogni incrocio incontro tantissime persone di ogni etnia; finalmente dopo quattro giorni passati a Cork torno a respirare un'aria multiculturale e mi sembra di essere di nuovo al centro del mondo.

Su internet trovo diverse informazioni sulla compagnia area e me le appunto, potrebbero servirmi domani. Ad essere sincero non trovo molte informazioni, ma sono abbastanza stanco e decido di tornare a casa anche se non sono totalmente soddisfatto della mia ricerca. Arrivo a casa, apro la porta e trovo la ragazza del mio amico in cucina. Rimane sorpresa nel vedermi, credo avesse capito che mi ero trasferito definitivamente a Cork.

La sua faccia è un po' scocciata, il detto che l'ospite dopo tre giorni puzza deve essere internazionale.

A confermare il fatto che lei non mi vuole più in casa con loro ci sono un paio di suoi comportamenti: guarda un film alla televisione fino a tarda notte, così che non posso mettermi a dormire e comincia anche a farmi notare ogni minuscolo problema, evidenziandolo come se fosse enorme. Ad essere sincero non capisco se ce l'ha con me perché sono da troppi giorni in casa con loro, oppure perché sono un amico del suo ragazzo che non sopporta più, ma qualsiasi sia il motivo, la situazione è abbastanza tesa.

Giovedì mattina mi sveglio e mi rendo conto che comincio ad essere stanco, tante emozioni ed impegni tutti insieme: ore di bus e l'aver dormito poco questa notte mi stanno togliendo tante energie. Esco di casa con molto anticipo, la mia paura di perdermi è sempre tanta, è la seconda volta che prendo un bus cittadino a Dublino e la prima ho avuto qualche problema. Alla stazione degli autobus raccolgo le informazioni sul numero del bus da prendere, per quale direzione devo indirizzarmi, a che fermata devo scendere e dove posso salire. Per fortuna la fermata iniziale è in un posto che conosco, quindi vado a colpo sicuro. Salgo sul bus e noto che c'è uno schermino dove vengono annunciate le fermate ed ogni tanto appare anche la mappa per far capire in che posizione ci si trovi. Mi sento più tranquillo e mi siedo nel primo posto a sedere disponibile. Dopo un'oretta di viaggio arriviamo alla "mia" fermata ed insieme a me scende anche un'altra ragazza, anche lei con una faccia un po' spaesata. Di fronte a noi troviamo una serie di palazzi tutti uguali, almeno una ventina di piani l'uno, strutture moderne in vetro ed interni grigio scuro. Chiedo alla ragazza se anche lei è qui per il colloquio con la compagnia aerea, ma risponde che invece sta cercando un altro ufficio che per sua fortuna è proprio davanti a noi. Rimango quindi solo alla ricerca dell'ufficio in questo labirinto di vetri ed auto parcheggiate. È veramente tutto uguale: edifici, aiuole, numero di parcheggi...difficile districarsi. Mi avvicino al primo palazzo, leggo i nomi di tutte le aziende e società presenti, ma non c'è quella che sto cercando. Altri 500 metri ed arrivo al secondo palazzo e, per la mia enorme felicità, trovo la compagnia aerea. Sono addirittura una decina di minuti in anticipo, aspetto un po' fuori e poi entro. Mi presento ed una delle tante segretarie mi invita ad accomodarmi in una delle sedie alle mie spalle. Appena mi volto noto che già ci sono diversi ragazzi in attesa e nei pochi minuti che seguono ne arrivano altri. All'orario prestabilito arrivano i responsabili dell'ufficio HR (Human Resources – Risorse Umane) e ci spiegano come sarà organizzata la selezione. Ora ci divideranno in due gruppi di una quindicina di persone ognuno per un colloquio di gruppo, dopodiché chi passerà alla seconda fase verrà chiamato per un colloquio one to one e, a quel punto, decideranno chi assumere. Tutto avverrà entro la giornata di oggi, quindi già stasera si saprà chi è in e chi out. Tensione!

È la prima volta che affronto un colloquio di questo genere e ad essere sincero non so bene come affrontarlo, non mi ero preparato a questo tipo di evenienza e non sono a conoscenza di qualche segreto per farlo bene. Ci fanno entrare in una stanza; deve essere una meeting o conference room perché è molto spaziosa, c'è una lavagna piena di codici e sul soffitto è appeso un proiettore. Nel mezzo ci sono delle sedie, due per i responsabili e, posizionate a ferro di cavallo, tutte le altre per noi. Nel gruppo c'è anche un'altra ragazza italiana, sicuramente sarà bravissima; almeno dall'aspetto sembra molto sicura di se.

Iniziamo il colloquio, ci chiedono di presentarci uno ad uno spiegando da dove veniamo, cosa abbiamo studiato e delle nostre esperienze lavorative precedenti.

Inizia il ragazzo più vicino a loro e poi si continua in senso orario. Sarò il terzo a presentarsi, meglio così, mi leverò subito il dente! Quando arriva il mio turno mi presento dicendo di essere italiano, che sono da poco arrivato a Dublino, sono laureato in Economia del Turismo, ho lavorato in agenzia viaggi e per le mie esperienze precedenti penso di essere adatto a questa posizione. Abbastanza diretto e conciso. Il giro continua, dopo un po' tocca all'altra ragazza italiana. Il suo inglese è molto maccheronico, si nota che non riesce a spiegarsi come vorrebbe e il suo volto diventa sempre più rosso. Fra tutti quelli che hanno parlato fino ad ora, lei è stata, purtroppo, la peggiore. Quando si dice che l'apparenza inganna…

Tutti i ragazzi si sono presentati, quindi ora passiamo alla seconda parte. I responsabili HR ci descrivono una casistica di un volo cancellato e noi dobbiamo aiutare i clienti a prenotarne altri e gestirli in aeroporto. Ci passano un foglio A4 ed una penna a testa, perché la risposta la dovremo scrivere. Avevo mille idee in testa, alla fine è venuto fuori un mix non troppo lungo e non ne sono troppo soddisfatto. Mentre i responsabili ci stanno spiegando come sarebbe continuato il colloquio, mi suona il cellulare e, avendo impostato la suoneria al massimo, tutti scoppiano a ridere. Chiedo scusa e lo spengo o almeno è quello che credo di aver fatto perché dopo due minuti suona di nuovo.

L'imbarazzo è tanto.

Questa volta mi prendo del tempo e mi accerto di averlo spento. Mi scuso nuovamente mentre il responsabile mi guarda con aria leggermente infastidita. "Mi sono giocato le mie carte" penso fra me e me.

Il colloquio di gruppo finisce e per i risultati ci danno appuntamento per le 15. Ci consigliano un bar dove poter pranzare. Visto il consiglio, mi immagino che avremmo pranzato tutti insieme al bar e avremmo avuto modo di conoscerci un po' meglio, ma mi sbagliavo. Chi per un motivo, chi per un altro, sono l'unico a finire al bar con un panino nelle mani.

Alle 14.50 eccoci di nuovo tutti nella hall in trepidante attesa. Con qualche minuto di ritardo arrivano i due ragazzi delle risorse umane che ci comunicano che proseguiranno alla fase dei colloqui individuali soltanto 11 dei 29 ragazzi. Mi sento come se stessi partecipando ad un reality show:

"Stefano, la tua corsa verso l'offerta di lavoro finisce qui!".

Ora chiameranno gli undici ragazzi che hanno superato la prima fase, di conseguenza chi non viene nominato è fuori. Dopo quattro nomi, con mia grande sorpresa, pronunciano Stefano Piergiovanni (con il solito accento irlandese). Detti gli altri sei nomi, procedono col ringraziare tutti gli altri ragazzi per aver partecipato alle selezioni e li salutano.

Fra gli esclusi c'è anche la ragazza italiana, mi dispiace per lei, ma se vuole trovare lavoro deve assolutamente migliorare il suo inglese.

Ci portano al piano superiore dove ci sono delle stanzette più piccole. Uno ad uno veniamo "intervistati". Le domande sono sempre le solite, quelle che ho preparato e che oramai comincio a conoscere a memoria (per questo motivo dico sempre a chi richiede le mie consulenze di prepararsi bene le risposte e di fare più colloqui possibili per abituarsi). Oltre a queste domande mi chiedono che software per la prenotazione dei voli aerei utilizzavo nell'agenzia viaggi dove lavoravo. Mi ringraziano e mi dicono che appena finiranno di fare tutti i colloqui ci diranno se ci vogliono offrire un lavoro. Intanto mi accomodo nella hall di sotto e mentre attendo, riaccendo il telefono. Non appena lo accendo ricevo una telefonata. Esco subito dall'edificio, non vorrei passare nuovamente per maleducato. È la ragazza del job recruiter di Cork che mi annuncia con grande entusiasmo che sono piaciuto alla ditta e che vorrebbero offrirmi il lavoro. Ora mi invierà tutti i dettagli via email e conclude la telefonata facendomi i complimenti.

Appena metto il cellulare dentro i pantaloni, realizzo l'idea di essere riuscito a trovare lavoro all'estero!

Sono troppo contento, ora posso dire che sono una persona che vale anche per un lavoro internazionale e non solo nella mia piccola cittadina.

Il mio progetto di vita sta prendendo forma.

Vorrei subito chiamare i miei per comunicargli la buona notizia, ma prima devo tornare dentro e vedere cosa mi dicono qui. Sicuramente ero il più rilassato di tutti in questo momento; male che vada ho già un'offerta di lavoro che mi aspetta. Restiamo in attesa ancora qualche minuto, prima che la segretaria ci dica che verremo chiamati singolarmente e ci verrà comunicato l'esito. Dopo un ragazzo ed una ragazza, arriva il mio turno: salgo al primo piano ed entro nella stessa stanzetta dove ho sostenuto il colloquio individuale un paio d'ore prima. Mi siedo ed il responsabile mi fa i complimenti per i risultati del mio colloquio, sono stati veramente buoni. Per questo motivo mi comunica che vorrebbero offrirmi un lavoro: 1600 euro netti al mese più uno sconto del 10% su tutti i voli della loro compagnia aerea ed un contratto iniziale di 6 mesi, per poi passare a tempo indeterminato. Mi danno 24 ore di tempo per pensarci e mi salutano.

Non posso crederci, da disoccupato a due offerte di lavoro nell'arco di poche ore.

Un mix di emozioni mi pervade, allegria, stupore, eccitazione, felicità e tante altre.

Non avevo mai creduto fino in fondo che avrei potuto trovare un lavoro all'estero per una multinazionale, sia prima della partenza che soprattutto dopo la prima bocciatura. Ora vedere che sono ben due le aziende che mi vorrebbero ed addirittura ricevere i complimenti per i bei colloqui che ho sostenuto, è una gioia immensa. Forse sono riuscito ad ottenere questo risultato anche grazie alla "botta" ricevuta in occasione del primo colloquio andato male.

Mi sento sollevato, non tanto perché la proposta che ho ricevuto sia ottima, ma perché ora sono sicuro che in Italia non ci tornerò da perdente. Se mai un giorno dovessi tornarci, lo farò per scelta e non perché non ho altre opzioni.

Prendo il bus per tornare in centro, il programma ora prevede di passare all'internet point per leggere la proposta della multinazionale di Cork, telefonare a casa per raccontare la buona notizia e poi andare a mangiare qualcosa di buono.

È giusto festeggiare.

Vado allo stesso internet point di qualche giorno prima, salgo le scale quasi buie ed entro dalla porticina. Anche questa volta è pieno di gente che proviene da tutte le parti del mondo; chissà quante storie avranno da raccontare anche loro.

Mi fa strano entrare in questo posto a così pochi giorni di distanza; il mio stato d'animo è totalmente differente: La prima volta ero teso, preoccupato e mi sentivo un vero immigrato, ora invece sono molto più rilassato e vedo tutto di un colore più chiaro. Mi fanno accomodare ad un computer; c'è abbastanza rumore, due uomini di colore stanno ridendo e scherzando fra loro ad alta voce. In tutto questo caos è difficile concentrarsi per capire bene in cosa consista l'offerta di Cork. In pratica mi propongono 1600 euro netti al mese più due bonus sulla produzione all'anno ed un contratto a tempo indeterminato sin da subito.

Questa offerta mi mette in crisi.

La crisi deriva dal fatto che questa proposta è decisamente migliore rispetto a quella della multinazionale con sede a Dublino. Decido di non chiamare casa questa sera, voglio decidere solo ed esclusivamente con la mia testa, quindi non voglio parlarne con nessuno al momento.

Pago e vado alla ricerca di un ristorante.

Prima di partire non avrei mai pensato che un giorno, nemmeno troppo lontano, avrei avuto questo tipo di problemi, ovvero dover decidere quale offerta di lavoro rifiutare. Cerco di analizzare le due proposte sotto vari aspetti come quello lavorativo, economico e anche della qualità della vita che le due città possano offrirmi.

Il lavoro è molto simile, dovrei occuparmi della loro clientela italiana. Quella di Dublino riguarda il settore turistico, più consono ai miei studi, mentre quella di Cork, il settore della telefonia ed informatica.

Cork, come si è ben capito, non mi piace affatto, non mi è piaciuta e non conosco nessuno. A Dublino ho già qualche amico e la sua atmosfera internazionale mi affascina. Gli aspetti che fanno pendere l'ago della bilancia nettamente dalla parte della piccola cittadina nel sud dell'Irlanda sono quello economico e quello contrattuale. Lo stipendio mensile è uguale all'altra proposta, ma il costo della vita dublinese è decisamente più elevato, in più la ditta della telefonia mi offre due bonus annuali, mentre la compagnia aerea solo degli sconti su eventuali voli aerei acquistati da loro. Anche il contratto a tempo indeterminato sin da subito che mi offrono a Cork fa abbastanza gola.

Cosa fare?

Che decisione prendere?

Ci penserò su questa notte e domani mattina risponderò ai rispettivi job recruiters. Nel frattempo però mi faccio allietare la serata da un hamburger gigante appena ordinato in una catena di fast food con l'arredamento stile America anni '60.

La notte è lunga, la decisione da prendere non è semplice e gli occhi fanno fatica a chiudersi. Ogni qual volta penso di aver trovato la decisione più giusta, poi mi entra in testa qualcosa che mi fa cambiare totalmente idea.

Cork o Dublino?

Telefonia o compagnia aerea?

Contratto a tempo indeterminato sin da subito o solo dopo un periodo di prova di sei mesi?

Continuare la vita sociale iniziata a Dublino o ricominciare tutto da zero a Cork?

Per fortuna la stanchezza ad un certo punto prende piede e cado in un sonno profondo.

Inizia una delle giornate più importanti per il mio prossimo futuro.

La decisione non l'ho ancora presa, ma devo farlo entro l'ora di pranzo.

Per capire bene quale possa essere la decisione più giusta cerco di focalizzare l'attenzione sul vero motivo per cui ho intrapreso questa nuova ed importante esperienza: migliorare il mio inglese, capire fino a che punto crescere professionalmente ed anche mettere via dei soldi per continuare a studiare e cambiare nazione. Nessuno di questi riguarda l'aspetto sociale o l'aspetto della multiculturalità della città dove vivere. Mi si accende la lampadina: decido che devo accettare l'offerta della compagnia a Cork e rifiutare, a malincuore, quella di Dublino.

L'aver preso una decisione mi fa stare meglio; vado in biblioteca, mi collego ad internet ed invio due email, la prima per Cork dove comunico di aver accettato la loro offerta e la seconda a Dublino dove comunico che purtroppo devo rifiutare la loro seppur ottima proposta.

Rifiuto un lavoro con uno stipendio di 1600 euro netti al mesi… chi lo avrebbe mai detto fino ad un mese fa.

Ora che ho inviato le due email posso finalmente chiamare casa e comunicare la mia decisione. Torno quindi al solito internet point, chiedo una cabina per poter chiamare l'Italia e compongo il numero.

Risponde mia madre, nel sentirmi si emoziona, è da diversi giorni che non chiamo.

Mi chiede subito come sto, se va tutto bene e come da tipica madre italiana, mi chiede anche cosa mangio. Le dico di sedersi perché devo comunicarle una cosa importante:

-"Sono seduta, dimmi tutto. Mi devo preoccupare?"

-"Ho trovato lavoro, anzi a dire il vero ne ho trovati due"

-"Due lavori? Che vorresti dire?"

-"Sì, esatto. Ho trovato un lavoro in un'azienda nella città di Cork ed un altro qui a Dublino. Ho fatto i miei calcoli ed alla fine ho deciso di accettare l'offerta della multinazionale di Cork. Mi daranno 1600 euro al mese più bonus"

Dall'altra parte silenzio totale, credo che sia rimasta senza parole. È emozionata perché suo figlio è partito da solo, senza conoscere quasi nessuno ed è riuscito a trovare lavoro in una multinazionale con uno stipendio che in Italia in pochi percepiscono. Allo stesso tempo, però, c'è anche una sottile vena di tristezza, perché ha capito che non tornerò per diversi mesi.

Capisco la sua paura e per rassicurarla le dico che resterò a lavorare per soli sei mesi, anche perché Cork non mi piace affatto. Alla fine della telefonata la sento felice e sono veramente fiero del fatto che sia così orgogliosa di me. Le chiedo di informare gli altri della famiglia e chiudo la telefonata, promettendole che la richiamerò fra pochi giorni per maggiori dettagli.

Chiusa la telefonata, mi metto qualche istante al computer per leggere le notizie italiane e per visitare il sito Daft.ie; è ora di cominciare a cercare casa a Cork. Noto subito che le stanze a disposizione non sono tante ed in zone che non conosco. Esco e vado a pranzo.

Percorro le stesse strade di questi giorni e sento che mi mancheranno. Molto probabilmente il lavoro a Cork inizierà presto, per cui dovrò lasciare Dublino entro pochissimi giorni, se non addirittura questo fine settimana. Torno al St Stephen Green Park, poi passo per Grafton Street, al Trinity College, Temple Bar ed arrivo pure al lontano Phoenix Park.

Mi comporto come fossi un turista con la consapevolezza e la tranquillità che fino qualche giorno fa mi sognavo. Sono quasi le tre e mezza del pomeriggio quando ricevo una telefonata. È la ditta di Cork. Mi chiedono come sto, dicono di essere contenti del fatto che abbia accettato la loro proposta e che sono stato assunto per un nuovo servizio che inizieranno a breve ad offrire ai loro clienti. Per questo motivo il lavoro non inizierà subito, ma soltanto il 3 Marzo, ovvero fra due settimane. Dico, ovviamente, che non c'è problema e che ci vedremo quel Lunedì mattina direttamente in ufficio. Un po' sono dispiaciuto perché ciò vuol dire che per un altro mese e mezzo non riceverò lo stipendio, ma dall'altra parte mi fa piacere poter rimanere qualche giorno in più nella capitale e, soprattutto, sono contento perché a fine Febbraio verranno i miei genitori a trovarmi e potrò stare con loro tutto il tempo.

Utilizzeranno il mio regalo di Natale ed il caso vuole che hanno il volo di ritorno fissato proprio per il 3 Marzo, il mio primo giorno di lavoro.

Mancano una decina di giorni all'arrivo dei miei genitori e devo decidere come e dove trascorrerli. Per i primi due giorni starò a Dublino, mentre per gli altri decido che sarà il caso di andare a Cork, sia per prendere più confidenza con la città, sia anche per non stare ancora troppo tempo nella casa del mio amico. La situazione con loro si sta deteriorando. Mentre organizzo il viaggio per Cork mi viene in mente che un mio amico delle scuole superiori aveva vissuto per qualche mese nella piccola città irlandese, quindi decido di scrivergli via email per chiedergli se ha qualche consiglio da darmi. Mi risponde in giornata; parlare di Cork gli fa tornare in mente bei ricordi e lo rende felice (beato lui, penso fra me e me). Mi dice che all'inizio la città può sembrare piccola e fredda, ma poi scoprirò che fare amicizia è molto facile ed è sicuro che mi divertirò molto. In più aggiunge il contatto di un suo caro amico di Napoli che vive in città, mi consiglia di contattarlo perché è veramente un bravissimo ragazzo e mi saprà dare tante informazioni.

Non perdo tempo quindi, mando un'email a questo ragazzo spiegandogli la mia situazione e gli chiedo se ha qualche consiglio da darmi. La sua risposta mi sorprende. Non solo mi invita a casa sua, ma mi dice che posso pure dormirci perché lui lavora nel turno di notte e, se per me va bene, posso dormire nel suo letto mentre lui lavora e poi quando torna gli lascio il posto.

Mi sembra una soluzione da pazzi, ma non è poi da scartare, visto che è veramente difficile trovare una stanza ed in più potrei cominciare a fare amicizia con i suoi coinquilini. Capisco che molti non accetterebbero una proposta del genere: condividere il letto con uno sconosciuto non è una cosa che si fa tutti i giorni, ma se si vogliono raggiungere i propri traguardi, si possono fare anche questi sacrifici, come d'altronde lo è stato dormire su quel divano stretto per tre settimane.

Appena faccio rientro a casa, comunico al mio amico ed alla sua ragazza che questa sarà la penultima notte che passerò a casa loro. Come immaginavo la loro reazione è entusiasta, non tanto per il fatto che ho trovato lavoro, ma perché così me ne sarei andato via! Che peccato!

Il giorno successivo sono sempre al computer della biblioteca per organizzare i primi giorni a Cork ed il viaggio. Ho deciso che passerò due o tre notti in casa di quel ragazzo e poi mi trasferirò in ostello fino a quando non avrò trovato casa. Una volta organizzato il tutto, passeggio per le ultime ore a Dublino in totale relax, cercando di svagarmi; sono stati giorni belli, ma anche molto intensi.

In poco più di un mese ho migliorato il mio inglese, fatto alcuni colloqui di lavoro, conosciuto nuove persone, mangiato tante volte per strada e, soprattutto, ottenuto due offerte di lavoro. Se me lo avessero detto quel giorno all'aeroporto non ci avrei mai creduto. In effetti nemmeno nelle mie più rosee speranze avrei mai detto che mi sarei trovato nella situazione di dover scegliere fra due buone opportunità lavorative per altrettante multinazionali.

Martedì mattina, con tutti i miei bagagli, lascio la casa del mio amico. Ieri sera ci siamo salutati in maniera del tutto fredda, lei addirittura non si è degnata nemmeno di dirmi "good bye". Sicuramente non sono arrivato nel loro momento migliore e la mia presenza deve aver peggiorato le cose.

Anche se il cielo è veramente grigio, non sta piovendo.

Portare le valigie così pesanti con la pioggia sarebbe stato veramente dura. Arrivo alla stazione degli autobus e compro il biglietto. Il bus è già pronto, per cui carico la valigia e salgo. Nel salire sento una leggera tristezza, come se stessi lasciando qualcosa che mi piace per qualcos'altro che invece non mi fa fare salti di gioia. L'autista, puntuale come sempre, chiude il portabagagli e la porta d'ingresso.

Si parte.

Arriviamo a Cork, con i miei bagagli mi dirigo verso casa di questo ragazzo, mi aveva spiegato bene come arrivarci ed indicato anche che l'avrei trovata facilmente, visto che si trova davanti alla fabbrica della birra Heineken. Suono il citofono, mi risponde un ragazzo in inglese, ma con un forte accento spagnolo.

Salgo e mi presento.

Il ragazzo italiano non c'è, ma aveva lasciato spiegazioni ai suoi coinquilini: uno spagnolo che ho appena conosciuto ed un altro ungherese.

Lascio le cose nella camera del ragazzo italiano e ci accomodiamo in sala. Una delle prime frasi che mi dice appena ci sediamo al divano è "stasera c'è un party in un pub, festeggiamo un ragazzo che se ne torna in Inghilterra. Vieni con noi?". Era proprio ciò di cui avevo bisogno, un po' di vita sociale, un party, conoscere gente nuova.

Torno nella camera dove avevo lasciato le mie cose e noto che sulla scrivania ci sono diversi libri fra cui un dizionario italiano-inglese, un libro di grammatica inglese ed un altro dizionario italiano-spagnolo.

Mi fa piacere vedere questi libri, capisco che sono ospite di un ragazzo che, come me, sta lottando con i denti per crearsi un futuro migliore. Lavora di notte e di giorno studia le lingue, per avere più opportunità.

Dopo essermi fatto una bella doccia calda, lasciamo casa per andare al party. Durante il tragitto il ragazzo ungherese si presenta e mi fa delle domande su cosa mi avesse portato qui a Cork. Alla fine la mia storia assomiglia molto alla loro.

Anche se siamo in mezzo alla settimana, il pub è pieno di gente. C'è uno strano odore ed i pavimenti sono appiccicosi, capisco che quell'odore è dovuto alla birra caduta a terra dai bicchieri. Ordino una birra anch'io e mi metto ad osservare le persone che sono dentro a questo pub. Ciò che mi colpisce è il fatto che ognuno è vestito in maniera totalmente diversa dagli altri, non esiste una moda precisa, non esistono nemmeno due persone vestite allo stesso modo. Mi piace. Mentre sono preso da queste considerazioni, il ragazzo spagnolo viene e mi presenta un italiano: "Stefano, ti presento questo ragazzo, si chiama come te, anche lui è arrivato da poco in città e vi potrebbe far piacere conoscervi". Mi presento, lui è calabrese ed è arrivato a Cork qualche giorno prima di me. Conosce anche lui Raffaele, il ragazzo che mi sta ospitando e che, a dirla tutta, ancora non conosco. Incominciamo a parlare del più e del meno, mentre nel frattempo ordino un'altra birra. Gli chiedo cosa l'avesse spinto verso Cork e mi risponde dicendomi che ha trovato lavoro presso una multinazionale della telefonia per un nuovo servizio che inizierà fra qualche giorno. Quindi, senza volerlo, avevo già conosciuto un mio futuro collega. Ci scambiamo il numero di telefono, potremmo anche cercare casa insieme. Lui ha già una sistemazione, ma è una casa condivisa con studenti che amano far spesso festa fino tarda notte e quando inizierà a lavorare questa situazione potrebbe diventare insopportabile.

È l'una di notte e veniamo invitati dalla sicurezza ad uscire dal pub.

Per legge, non si può sgarrare.

Ritrovo i due "coinquilini" e ci dirigiamo verso casa. Mi metto a dormire, non senza difficoltà visto che sono su un letto di un'altra persona che non conosco e che fra qualche ora verrà a svegliarmi per darci il cambio.

Sono le otto del mattino, sento bussare alla porta della camera. Si affaccia un viso sorridente che mi dice "Ciao Stefano, stai pure ancora qualche minuto, prima di mettermi a letto faccio colazione". Mi alzo subito, non voglio approfittare della sua gentilezza e soprattutto credo proprio sia il caso di presentarmi. È un ragazzo molto in gamba, di Napoli e, come spesso capita con le persone di quella terra, ricevo un'ospitalità che poche altre persone sanno offrire. Parliamo un po' del nostro amico in comune e poi si congeda e va a letto. Il giorno lo passo più che altro in casa a guardare la TV: non avendo le chiavi di casa dipendo dagli altri.

Venerdì mi trasferisco in ostello, lo stesso dove ero stato la prima volta a Cork. In una delle quattro notti passate in questa struttura conosco un ragazzo croato. Parliamo di vari argomenti e gli spiego la mia situazione attuale, da dove provengo, il motivo che mi ha spinto a Cork e per quale azienda lavorerò. Appena gli nomino il nome del mio futuro datore di lavoro, mi ferma e mi dice di seguirlo nel cortile in quanto vuole farmi conoscere un ragazzo. Mi presenta un ragazzo pugliese, scuro di carnagione, molto alla mano; anche lui sarà un mio futuro collega ed ha diverse informazioni in merito. Mi dice che il team italiano sarà composto da una ventina di ragazzi e ragazze, tutti appena arrivati a Cork, quindi facilmente ora saremo sparsi fra ostelli e bed and breakfast della città, oppure qualcuno deve ancora arrivare. Il sapere che saremo in tanti e che tutti partiremo dallo stesso punto di partenza mi fa molto piacere.

La sera successiva il ragazzo pugliese mi invita ad un party in un pub molto carino con un lungo corridoio all'ingresso dove sono sistemati diversi tavoli con sedie per chi vuole accomodarsi all'aria aperta a gustarsi la birra. La parte interna del pub è divisa in due sale: una in stile spagnolo, dove ci si può sedere e fare due chiacchiere comodamente, l'altra adibita ai concerti, dove quasi tutte le sere si esibiscono artisti di ogni genere, provenienti da tutta Irlanda.

Durante la festa mi presenta un ragazzo, si chiama Giovanni, è sardo ed anche lui sarà un mio nuovo collega. Cominciamo a parlare e notiamo sin da subito che c'è un'affinità speciale, andiamo d'accordo su diversi aspetti e tutti e due sappiamo di essere due persone "particolari", almeno in quanto a gusti culturali e a modi in cui ci piace divertirci. Andiamo così d'accordo che dopo pochi minuti ci ritroviamo in un altro locale, con altro tipo di musica a ballare con due ragazze che ovviamente non conoscevamo e delle quali non sapevamo nemmeno il nome. Ancora non

Io potevo sapere, ma questa sera è nata un'amicizia molto speciale che col passare del tempo risulterà essere la più importante ed intensa di tutta l'esperienza irlandese.

Dopo aver conosciuto i miei futuri colleghi, Cork comincia a piacermi un po' di più, ma ora devo tornare a Dublino, dove stanno per arrivare i miei genitori.

L'ARRIVO DEI MIEI E L'INIZIO DEL LAVORO

Sono sul bus che mi porterà a Dublino, guardo fuori e la mente vola all'ultimo viaggio che feci quando lo stato d'animo era totalmente diverso da quello di oggi. È anche molto strano pensare che sto andando a ricevere i miei genitori e che saranno miei ospiti, è la prima volta in vita mia. Arrivato alla stazione prendo il bus per l'aeroporto, questa volta senza difficoltà, non come il giorno che atterrai in Irlanda. Anche da questi piccoli dettagli capisco che sto migliorando e che lo Stefano che non sapeva nemmeno trovare la giusta fermata dell'autobus è solo un lontano ricordo. Arrivo al Terminal con qualche minuto di anticipo, quindi mi siedo nelle panchine disposte di fronte alla porta d'uscita. Cominciano ad uscire i primi passeggeri, qualcuno parla italiano quindi immagino che siano del volo dove erano imbarcati anche i miei genitori. Passa qualche minuto, ma ancora nessuna traccia della loro presenza. Quando comincia a diminuire il flusso di persone vedo spuntare mia madre ed appena dietro mio padre con tutti i bagagli. Corro per abbracciarli, è un momento stupendo. Chiedo come sia andato il viaggio, mia madre è entusiasta, era il primo volo della sua vita. Nel bus che ci porta in centro noto che sono attenti ad ogni minimo particolare, sono emozionati nell'essere in una nazione così diversa dalla nostra; l'unica volta che sono usciti dall'Italia è stato per il loro viaggio di nozze da dei parenti in Francia, vicino al confine. Sono soprattutto contento di vedere mia madre al settimo cielo, è un'amante dei viaggi, ma per vari motivi non ha potuto viaggiare molto. Mi rendo conto che le ho fatto forse il regalo di Natale più bello che potesse ricevere. Dal suo racconto mi spiega che si è goduta ogni singolo istante del volo e anche del passaggio in aeroporto.

Arriviamo all'hotel in centro dove avevo prenotato una camera tripla con bagno privato. Conoscendo il livello medio delle strutture di Dublino avevo molta paura che si potessero trovare male, invece siamo molto fortunati. L'hotel non è il massimo, ma la nostra camera è nuova, tutta in legno con TV, bollitore, microonde e, cosa fondamentale, era pulita. Li porto a vedere la "mia" Dublino, quindi come prima cosa facciamo il giro: Grafton Street, St Stephen Green park e Trinity College. Rimangono subito affascinanti da questi posti, sono anche fortunati perché non sta piovendo, non sta facendo particolarmente freddo e c'è anche una bella luce. Per cena li porto a mangiare in un tipico pub irlandese e, vista la cucina abbastanza grassa, andiamo presto, vero le 6.30 del pomeriggio così per poi avere tutto il tempo per digerire. Mio padre prova l'Irish stew, ovvero uno stufato con le verdure, a volte cotto anche con la birra

Guinness, mentre mia madre chiede una più leggera zuppa di verdure di stagione servita con del pane nero e dell'ottimo burro irlandese.

La seconda giornata inizia con mio padre che si innervosisce perché il cappuccino al bar non gli piace, quindi decido di portarlo al Caffè Cagliostro, bar italiano vicino al fiume, così si sente più a suo agio. È bello portarli in giro, si godono ogni piccolo dettaglio come chi nella propria vita ha avuto poche opportunità di viaggiare all'estero. Il programma di stasera prevede altre zone della città, poi un'altra cena tipica a base di fish and chips, per poi finire la serata con una birra a Temple Bar. Rimangono colpiti dalla bontà del pesce fritto, era di ottima qualità e, anche se il pub non ispirava molta fiducia, il pesce era veramente ben cotto. Per quanto riguarda la birra al pub, hanno qualcosa da ridire. Sono abituati all'ambiente dei pub italiani che è quasi esclusivo per i giovani, quindi pensano di essere troppo vecchi, ma insisto, ce li voglio assolutamente portare. Una volta entrati capiscono che è tutto un altro mondo rispetto a quello che siamo abituati a vedere in Italia; qui non esistono locali per giovani e meno giovani, qui tutti bevono e si divertono insieme, l'età non conta. Rimangono quindi positivamente stupiti dal fatto che nessuno faccia caso alla loro età, anzi dei simpatici ragazzi cercano di avere una conversazione con loro, ma, non conoscendo nemmeno una parola di inglese, la discussione finisce presto. Anche questa giornata è giunta al termine, domani sarà l'ultimo giorno che passeremo interamente a Dublino, poi ci trasferiremo a Cork, così che possano vedere dove vivrò i prossimi mesi.

Questa mattina mio padre decide di offrirci la colazione al bar italiano, più che altro perché così non potevamo opporci alla sua idea di iniziare la giornata con un buon caffè italiano. Sono d'accordo, anche perché a Cork non troveranno bar con un caffè come questo o come sono abituati a berlo a casa loro in Italia.

Mia madre vuole tornare a Grafton Street, le è piaciuta tanto, ma prima li porto al centro commerciale a vedere la biblioteca dove andavo ogni giorno per studiare inglese e cercare lavoro. Voglio mostrar loro tutti i luoghi dove ho passato i miei primi giorni in Irlanda. Una volta entrati allo shopping center, comincia a piovere. Dopotutto anche la pioggia è una cosa tipica dell'Irlanda; è giusto che almeno una volta piova durante la loro permanenza. Giriamo un po' di negozi e questi giri li stancano abbastanza, quindi decidiamo di andare al ristorante anche se sono appena passate le 6 del pomeriggio. Gli faccio provare della carne ricoperta dalla salsa gravy, un altro condimento tipico dei paesi anglosassoni. Dopo cena andiamo ad ascoltare un po' di musica irlandese in un pub vicino allo Spire e poi a letto presto, domani mattina abbiamo il bus per Cork.

Suona la sveglia di mia madre, avevamo deciso di alzarci alle 6.30 del mattino in maniera da avere tempo per prepararci, fare colazione e prendere il bus delle 8. Apro gli occhi e mi sembra molto buio, ma a dire il vero non mi alzo mai a quest'ora, quindi non so esattamente a che ora albeggi. Vado in bagno a lavarmi la faccia, torno e comincio a vestirmi. Prendo in mano il telefono e l'occhio va sull'orario: sono le 5.35. Chiedo a mia madre di controllare bene l'orario, ma mi conferma che sono le 6.35. Allora accendiamo la televisione, il notiziario dice che sono le 5.35. In pratica mia madre si era dimenticata di cambiare l'ora ed era rimasta con l'orario italiano. Mio padre ed io la insultiamo (ridendo) e torniamo a letto.

È il quarto viaggio fra Dublino e Cork in pochi giorni, ma questa volta è speciale perché sono con i miei genitori. Mia madre è totalmente innamorata dell'Irlanda, anche questo trasferimento la lascia a bocca aperta, passare per i piccoli paesini irlandesi con castelli e parchi la emoziona. Gli anticipo che Cork non è come la capitale, non vorrei che poi ci rimanessero male.

Li porto all'ostello dove ho soggiornato fino qualche giorno fa, ma per loro ho prenotato una camera doppia privata. Per quanto riguarda me, dormirò a casa del mio amico napoletano. I miei genitori, con mio grande stupore, rimangono entusiasti anche di questa sistemazione, anche se la camera non è all'altezza di quella di Dublino. Usciamo per fare due passi, ancora non conosco bene questa città per cui non posso essere un buon cicerone. Mia madre, da buona mamma italiana, vuole conoscere chi mi ospita, un po' per capire in che situazione vivo e un po' per ringraziare Raffaele e gli altri ragazzi per essere così gentili con me. Quindi ci dirigiamo verso casa ed una volta entrati rimangono colpiti dall'ambiente ospitale ed amichevole che trovano. Un pensiero in meno per loro.

La giornata scorre veloce, il viaggio ci ha stancato abbastanza, quindi andiamo a mangiarci un buon hamburger al pub e poi andiamo a dormire.

Domenica mattina, mi sveglio presto e passo a prendere i miei genitori all'ostello, tanto loro saranno sicuramente svegli da almeno un paio d'ore. Li porto a fare colazione al centro commerciale in St. Patrick Street, la strada principale di Cork. Faccio provare a mio padre i cookies che mi erano piaciuti così tanto il giorno del colloquio. Piacciono anche a lui, ma il cappuccino irlandese non lo soddisfa affatto.

Il nervosismo per domani che sarà il primo giorno di lavoro inizia a farsi sentire. Domani comincerà una nuova importante parentesi della mia vita professionale, ma anche personale. Le preoccupazioni che più mi pesano sono quelle che riguardano il mio primo lavoro in una multinazionale così importante e quella della vita sociale in questa città che stenta a piacermi. Per non pensare troppo a domani, porto i miei genitori al pub più grande di Cork, o almeno il più grande fra quelli visitati fino ad ora, per trascorrere una tipica domenica irlandese ed anche mangiare. Purtroppo in questa città non c'è molto da vedere, per cui passeremo buona parte della giornata in questo locale, tanto a loro piace qualsiasi cosa sia diversa dall'Italia. La sera è un po' malinconica, domani inizierò questo nuovo lavoro che un po' mi preoccupa e loro ripartiranno per l'Italia. Non sappiamo quando ci rivedremo e non è bello lasciarsi senza sapere esattamente quando potremo riabbracciarci.

Lunedì 3 Marzo, è il grande giorno in cui ha inizio la mia carriera lavorativa in Irlanda. L'azienda non mi ha più richiamato per confermarmi l'orario in cui mi devo presentare, quindi do per scontato di dover andare alle 8. Anche i miei prenderanno il bus per l'aeroporto di Dublino alla stessa ora, per cui puntiamo la sveglia per le 6.30 (questa volta ora irlandese) così avremo tutto il tempo per salutarci con calma. Sarà una giornata che non dimenticherò mai. A mia madre scende una lacrima mentre sale sul bus, sa che non ci rivedremo per qualche mese. Lo ammetto, non è facile salutarli, ma sono anche così preso dal mio primo giorno di lavoro che nel salutarci sembro più freddo di loro. Non posso nemmeno aspettare che partano, la stazione dei bus è vicinissima all'ufficio, ma voglio arrivare qualche minuto prima.

"Buon viaggio, fatemi sapere quando arrivate all'aeroporto e anche quando arriverete a casa", li bacio e mi dirigo verso il mio nuovo lavoro.

Come avevo detto, l'agenzia si era dimenticata di comunicarmi l'orario in cui mi sarei dovuto presentare questa mattina e di mia personale iniziativa arrivo qualche minuto prima delle 8. Una volta arrivato davanti alla segreteria noto che è chiusa e che c'è una ragazza lì fuori ad aspettare. È Lidia, un'altra futura collega, è qui dalle 7 del mattino perché nemmeno a lei hanno comunicato l'orario d'inizio.Facciamo il giro dello stabile per vedere se magari ci siano altre entrate, ma l'unica che troviamo è solo per chi ha l'autorizzazione. Mentre stiamo finendo il giro dello stabile, cominciano a cadere dei fiocchi di neve e proprio mentre me ne accorgo, vedo passare il bus con dentro i miei genitori.

Io vedo loro e loro vedono me.

Non mi aspettavo di rivederli ed un forte magone mi viene in gola, è un altro saluto che non era programmato e, essendo così inaspettato, non sono stato in grado di gestirlo emozionalmente.

"Forza Stefano, riprenditi e non ci pensare! Oggi deve essere un grande giorno per il tuo futuro" dico fra me e me.

Sono le 8.50 quando arriva un altro ragazzo, anche lui italiano, si chiama Cristian e pure lui sarà un nostro nuovo collega. A lui però l'orario glielo avevano confermato, dovevamo presentarci alle 9, ecco perché è tutto ancora chiuso. Dopo qualche minuto arriva la segretaria, apre la porta e ci fa accomodare. Nota che siamo infreddoliti così che ci porta al loro bar a prendere un (pessimo) caffè bollente. Restiamo al bar fino alle 9.30, commentiamo che se la stanno prendendo con molta calma. Arriva la ragazza dell'ufficio delle risorse umane, la stessa che mi aveva fatto il colloquio. È sorridente, adoro le persone allegre. Ha con sé una pila di fogli, sono i nostri contratti. Ce li consegna insieme ad una penna e ci dice di leggerli con calma e poi firmarli. Tornerà a ritirarli fra un'ora e ci lascia al bar. Tutto sembra rilassante, informale e giovanile. Mentre sto leggendo il contratto, entrano al bar diverse persone e sento diverse lingue: inglese, spagnolo, portoghese, francese, tedesco ed anche italiano. Un ambiente molto multiculturale, è proprio quello che cercavo. Verso le 10.30 torna la ragazza a ritirare i nostri contratti firmati e ci dà appuntamento per le 11 quando ci condurrà in un'altra stanza per l'induction, ovvero la spiegazione dell'azienda dalla nascita ai giorni d'oggi. Approfittiamo di questa mezz'ora libera per conoscerci meglio. Anche Lidia e Cristian sono arrivati da poco a Cork, ci scambiamo qualche informazione utile, come ad esempio sugli affitti delle case.

L'induction è noiosa, in pratica è una sorta di documentario sulla storia dell'azienda con una presentazione sugli obiettivi futuri. Queste slides vengono spiegate da una ragazza che dall'accento si capisce non essere madrelingua, ma con una proprietà linguistica invidiabile. Dopo questa presentazione ci dicono di ripresentarci alle 13 in segreteria dove ci incontreremo con un rappresentante di una banca nel caso avessimo bisogno di aprire un conto corrente in Irlanda. Sono contento che mi aiutino ad aprire il conto corrente, perché sarebbe stato difficile farlo da solo, non avrei nemmeno saputo scegliere il conto migliore.

Il tempo è ancora brutto anche se la temperatura è salita di qualche grado, trasformando la neve in pioggia. Pranzo al bar della ditta, un tramezzino "ham and cheese". Lo scelgo perché volevo qualcosa di leggero per non appesantirmi con cibi grassi; vado per dare il primo morso e sento qualcosa di strano, infatti scopro che per gli irlandesi mettere il burro nei sandwich è così ovvio che non lo scrivono nemmeno sulla confezione. Per mandarlo giù ci bevo una lattina di coca-cola per cui addio pranzo leggero. Quando mancano pochi minuti all'una ci presentiamo in segreteria, tutti e tre abbiamo bisogno di aprire un conto corrente. Veniamo accompagnati in una stanza dove troviamo un rappresentante di una delle banche più famose della nazione. Il signore si presenta e comincia subito a snocciolarci tutte le caratteristiche del conto corrente che vorrebbe farci aprire. Non sono molto pratico di queste cose e non conosco cosa offrano le altre banche, ma per togliermi questo pensiero, accetto. Compilo tutta la documentazione necessaria e la riconsegno. Già domani mattina riceverò tutti i dati del mio nuovo conto e la settimana prossima mi sarà recapitata la laser card, ovvero un bancomat con qualche caratteristica in più. Saluto il responsabile della banca e torno in segreteria dove ad aspettarci c'è la gentile ragazza che è incaricata di seguirci nella giornata di oggi. Ha altri fogli in mano, questi sono per la richiesta del pps number, documento che possiamo paragonare al codice fiscale italiano o al NIN britannico. Espletate anche queste pratiche, ci dicono che possiamo tornare a casa e ripresentarci domani mattina alle ore 9. Nel salutarci ci ringraziano per la nostra disponibilità perché sanno che il primo giorno è sempre molto noioso.

Anche questa volta rimango senza parole, il trattamento a livello personale è ottimo, tutti lavorano col sorriso sulle labbra, sono gentili, chiedono sempre scusa per qualsiasi cosa ed in pratica oggi mi hanno pagato per compilare dei documenti e delle pratiche che avrei potuto fare anche da solo, come ad esempio l'apertura del conto corrente. Venendo da una nazione dove spesso non ti pagano nemmeno i giorni di prova...sono positivamente colpito.

L'ambiente lavorativo mi piace, molto diverso da quello italiano, proprio come speravo. Ora mi rimane soltanto da risolvere la questione casa, visto che ancora dormo in ostello.

La seconda mattina di lavoro inizia con lo scattare delle foto, serviranno per i badge, cartellini elettronici per poter entrare ed uscire dall'ufficio. Dopo il rito delle foto ci viene a prendere la manager del nuovo servizio per il quale siamo stati assunti. È una signora di origine sudafricana, ma con accetto irlandese, ciò vuol dire altissima difficoltà per comprenderla. Ci porta in una meeting room e ci spiega la situazione. Faccio fatica a capirla, ma ciò che comprendo è che l'inizio del servizio slitterà di qualche giorno, ma per correttezza nei nostri confronti ci hanno fatto iniziare ugualmente, visto che ci avevano già comunicato che avremmo iniziato il

3 di Marzo, mentre agli altri ragazzi hanno fatto in tempo ad informarli di presentarsi il giorno 17.

Ora capisco perché ancora non avevo incontrato Giovanni, Stefano ed il ragazzo pugliese conosciuto in ostello.

La manager ci chiede scusa e ci dice che domani ci comunicherà cosa faremo in queste due settimane mentre attenderemo il reale inizio del "nostro" servizio. Chiude il discorso dicendo che per oggi possiamo andare a casa, o almeno è quello che capisco io. Infatti nel pomeriggio mi scrive Lidia chiedendomi che fine avessi fatto, visto che non mi ero ripresentato in ufficio. Vado subito nel panico. Ho il terrore di cosa possa pensare questa manager che mi ha appena conosciuto e già al secondo giorno di lavoro ho saltato mezza giornata lavorativa.

Questa notte faccio fatica ad addormentarmi, ho paura che ci possano essere delle ripercussioni, sono ancora in prova e potrebbero anche prendere dei provvedimenti drastici nei miei confronti. La mattina dopo appena arrivo cerco l'ufficio della manager per scusarmi. Appena la trovo, lei mi dà il buongiorno come se niente fosse, allora colgo l'occasione per scusarmi e per dirle che non avevo proprio capito che sarei dovuto tornare nel pomeriggio. La sua reazione mi stupisce, non solo non era arrabbiata con me, ma si scusa perché sa di avere un accento molto difficile da comprendere ed a volte uno straniero può fraintendere le sue parole. Questa nazione non smetterà mai di stupirmi.

Passata la paura, comincio il mio secondo giorno di lavoro. Ci portano in una stanza dove ci spiegano il lavoro delle prossime due settimane: "Stefano, tu alla mattina starai col team spagnolo per far pratica con la lingua e nel pomeriggio starai al team del controllo qualità". Sono contento, potrò così conoscere da subito più persone. Comunque sia, tanto per non perdere l'abitudine di rimanere stupito, per oggi possiamo tornare a casa, inizieremo con i nostri nuovi ruoli domani mattina. Sono le 9.40 e ho tutta la giornata libera, ma prima di uscire chiedo conferma se veramente non devo tornare nel pomeriggio, non vorrei passare un'altra notte insonne.

Il quarto giorno inizia con le presentazioni. Mi introducono al team spagnolo del servizio assistenza ai clienti per i prodotti di telefonia fissa. Mi guardano con sospetto, non hanno ben capito qual è il mio ruolo e, a dirla tutta, nemmeno io so bene cosa dovrei fare. Sono quasi tutte ragazze e dopo poco entro in confidenza, sono simpatiche, alla mano. Nel pomeriggio altre presentazioni al team Quality che al momento è composto da tre persone, il manager, un signore di mezza età irlandese, una ragazza anch'essa irlandese ed una ragazza italiana. Quest'ultima già la conosco, è la ragazza con l'ottimo inglese che il primo giorno ci ha spiegato l'induction. È sarda ed ha un carattere molto deciso. Con tutte queste presentazioni la giornata lavorativa passa molto velocemente.

Mentre sto rientrando in ostello ricevo una telefonata da un numero sconosciuto. Rispondo "Hello", e dall'altra parte "ma quale hello, sono Stefano il tuo prossimo collega". Mi comunica che ha preso appuntamento con due agenzie per vedere altrettanti appartamenti con due camere da letto. Questi appuntamenti sono fissati per Lunedì dopo le

17.30, così posso andarci anch'io (lui inizierà a lavorare il Lunedì successivo).

Venerdì, ultimo giorno della prima settimana lavorativa. Tutto procede tranquillamente. Faccio caso al fatto che i manager sono vestiti con jeans e magliettina, esattamente come gli altri. Lo noto perché, mentre gli altri non hanno l'obbligo del dress code (per dress code si intende il fatto che bisogna vestirti eleganti), i manager fino ad oggi, li avevo sempre visti in giacca e cravatta e le donne in tailleur. Rimango colpito; addirittura c'è un manager con la maglia del Manchester United ed un altro con una tshirt con dipinto il volto di Kurt Cobain. Chiedo spiegazioni alla ragazza italiana del team Quality e mi spiega che il Venerdì viene chiamato Casual Friday e chiunque, anche la manager più importante, può vestirsi come meglio crede. Oltre al fatto che ognuno è libero di vestirsi come vuole, il Venerdì negli uffici irlandesi ha un'altra particolarità, quella di andare tutti insieme a bere una birra al pub. Una birra per modo di dire, perché nessuno si ferma alla prima pinta. La cosa che sorprende di più, e che ti può tranquillamente capitare, è quella di trovare il tuo manager che ha bevuto un po' troppo e che ti inviti a bere con lui; mentre il Lunedì successivo si riprende come se nulla fosse successo. In Irlanda, come in altre nazioni anglosassoni, ubriacarsi nel weekend non è qualcosa di cui vergognarsi.

Vi immaginate cosa potrebbe pensare il vostro manager in Italia se vi vedesse la sera ubriachi al pub?

Inizia la seconda settimana lavorativa e come da appuntamento già fissato, vado con l'altro Stefano a vedere due appartamenti. Il primo è nuovo, appena ammobiliato, si trova al quinto piano di un palazzo che fa parte di un complesso di tre edifici. Ha l'ascensore, l'attico in comune con area relax e un paio di piccoli supermercati al piano terra. L'altro appartamento è ben diverso, è una casa singola su tre piani, recentemente riammobiliata ed ha la particolarità di essere situata di traverso su una salita così da avere l'ingresso al primo piano, mentre sul retro, lo stesso piano è a livello della strada. Questa particolarità comporta che i balconcini delle due camere siano direttamente sulla strada e chiunque potrebbe saltare dentro in qualsiasi momento. Per questo ed altri motivi decidiamo di optare per la prima casa che abbiamo visitato, anche se il prezzo è abbastanza alto e fra affitto e bollette andremo a spendere sui 650 euro a testa al mese. Decidiamo di procedere nonostante il costo così elevato, perché è veramente difficile trovare casa a Cork e soprattutto è difficile trovarla in ottime condizioni come questa.

La mattina successiva ci chiama l'agenzia per comunicarci che hanno dato il loro consenso e potremo entrare in casa il Lunedì dopo. Un altro pezzo del mio progetto si va ad incastrare; dopo il lavoro, ho anche una bella casa che, cosa da non sottovalutare, è anche situata vicino all'ufficio, raggiungibile in 5 minuti a piedi.

Questa seconda settimana di lavoro scorre velocemente; la mattina dalle ragazze spagnole ed il pomeriggio nel team qualità. A dire la verità il team del pomeriggio non ha molte cose da farmi fare per cui mi invento qualcosa per passare il tempo iniziando dal prendere dei dati, inserirli in un database e con le pivot table di Excel, cerco di estrarre qualche grafico che possa essere interessante. I miei "lavori" vengono apprezzati e le colleghe lo fanno notare al manager generale che, nell'ultimo giorno di questa settimana lavorativa, mi avvicina. È una donna alta, bionda, di origini francesi. Mi parla del fatto che per il nuovo servizio che sta per iniziare e per il quale sono stato assunto servirà anche un team quality apposito e quindi stanno selezionando personale internamente. Mi chiede se sono laureato e se parlo un'altra lingua europea oltre all'italiano e all'inglese. Rispondo che sono laureato in economia e parlo spagnolo. È soddisfatta delle mie risposte e mi invita quindi a candidarmi all'offerta. Mi mostra la pagina del nostro sito interno dove trovo tutte le informazioni su come fare per candidarsi e dove vengono elencate le caratteristiche di questo ruolo. Dopo avergli dato una lettura veloce, mi candido.

Il Lunedì successivo inizia, finalmente, il lavoro per cui sono stato veramente assunto, ma siccome per tutti gli altri ragazzi è il primo giorno in azienda, devono sbrigare tutte le pratiche, cosa che invece io avevo già fatto. Per questo motivo mi fanno tornare al team Quality, dove ad aspettarmi c'è un ragazzo spagnolo del team Training. È stato chiamato per testare il mio livello di lingua spagnola. L'esamino consiste nell'effettuare una finta chiamata dove lui è un cliente arrabbiato per un prodotto non funzionante ed io lo devo assistere. Per simulare la telefonata ci hanno messo a disposizione due telefoni, ma nella stessa stanza. Iniziamo la "telefonata", ci guardiamo negli occhi e scoppiamo a ridere. Sembriamo proprio due cretini col telefono in mano. Fra una risata ed un'altra, la telefonata procede e sinceramente credo di essermela cavata egregiamente con la lingua spagnola. Appena finisco di lavorare scappo all'ostello per raccogliere tutte le mie cose che avevo accatastato in un angolo per portarle nella nuova casa. Quando arriviamo, sotto casa troviamo il responsabile dell'agenzia che è già lì ad aspettare per farci firmare il contratto e consegnarci le chiavi. Ora che ci penso è la prima volta che mi intesto un contratto di casa, ho sempre vissuto con i miei in Italia, in Messico vivevo in un resort, a Tenerife avevo affittato un monolocale senza contratto ed in Irlanda del Nord vivevo presso una famiglia del posto. Non appena il ragazzo dell'agenzia immobiliare ci lascia, scappiamo da Penneys (corrispettivo di Primark in Irlanda) a comprare le lenzuola, piumone, copripiumone, federe ed asciugamani. Stasera mangeremo al burger king, poi domani faremo spese anche per la cucina. Una volta tornati a casa, prepariamo i nostri letti e crolliamo. Dopo esattamente due mesi, dormo in una mia casa, senza più dover condividere né letto né camera, niente più divani e gente che entra a qualsiasi ora.

Il giorno successivo inizia il training per il servizio per il quale siamo stati assunti; finalmente possiamo dire ufficialmente che abbiamo iniziato a lavorare. Conosco tutti i miei nuovi colleghi, una ventina in tutto, compresi Stefano, Giovanni, Lidia e Cristian che ho già incontrato. Siamo divisi in due livelli, il primo dove anch'io sono inserito ed il secondo. Il nostro gruppo ha meno conoscenze tecniche e si occuperà del primo contatto col cliente, mentre il secondo livello si occuperà di risolvere i casi più ostici. I primi due giorni di training sono un po' noiosi in quanto ci spiegano tutto dall'inizio, anche come utilizzare programmi come Outlook, Excel e Word.

Stefano ed io compriamo tutto il necessario per la casa, anche qualche piatto e bicchiere in più visto che in dotazione ce ne erano soltanto un paio per tipo. Intanto la settimana procede tranquillamente ed arriviamo così a Venerdì pomeriggio quando andiamo tutti insieme al pub che si trova a 500 metri dal nostro ufficio. Questa è la miglior occasione per conoscerci meglio e fare gruppo. Parlando con loro scopro delle storie molto interessanti come ad esempio quella di David, un friulano che era partito per l'Irlanda con un pessimo inglese e che, per mantenersi mentre andava a scuola d'inglese, lavava i pavimenti ed i bagni di un pub in centro. Anche la storia dei due amici messinesi è molto significativa; si sono laureati da poco e vedendo in Sicilia tutte le porte chiuse, hanno deciso di andare a cercare lavoro all'estero, invece che a Milano, come molti loro corregionali fanno.

Dopo aver parlato un po' con tutti, mi fermo a bere una birra con Giovanni, il ragazzo sardo che avevo già conosciuto qualche sera prima. È veramente piacevole scambiare due parole con lui, è una persona colta ed allo stesso modo molto simpatica; una di quelle persone con cui entri in confidenza in pochissimo tempo, o almeno così è stato per me. Rimaniamo d'accordo che domani passeremo la serata insieme.

Così la sera dopo ci incontriamo in un piccolo pub vicino a casa mia, beviamo una birra e poi ci trasferiamo in un altro locale famoso per la musica rock. Entriamo, ordiniamo un'altra birra e appena ci giriamo ci rendiamo conto di essere una decina d'anni sopra l'età media degli altri clienti. Scoppiamo a ridere, ci basta uno sguardo d'intesa per capire che saremmo rimasti e che non ce ne sarebbe importato. Nessuno ci conosce, anche questa è la bellezza di cambiare città e stasera ci divertiremo "pogando" come due diciottenni.

Lunedì ricomincia il training, il gruppo è più unito; il Venerdì pomeriggio al pub ci ha fatto molto bene.

Sono tutti dei bravi ragazzi ed è un vero piacere averli come colleghi. L'atmosfera continua ad essere rilassata, a volte mi sembra di essere tornato alle scuole superiori. Andare al lavoro non mi pesa affatto e da quando ho trovato casa mi sento anche più rilassato e tranquillo.

I giorni di training stanno trascorrendo e non avendo ancora avuto notizie dal team Quality penso proprio che la mia candidatura non sia andata a buon fine, forse hanno preferito qualcun altro con più esperienza di me, oppure il mio livello d'inglese, seppure migliorato, non è ancora all'altezza per un lavoro del genere.

Arriviamo alla fine di Marzo e, finalmente, ricevo il mio primo stipendio. È curioso come siano così precisi, tanto che alle 00.01 del giorno 30 mi arriva un sms dalla banca che mi notifica l'arrivo del bonifico. Procedo quindi anche all'acquisto di un computer portatile, finalmente non sarò più "schiavo" degli internet point per navigare in rete.

Ogni tanto, mentre lavoro in questo ambiente internazionale o quando sono nella mia bellissima casa nuova, chiudo gli occhi e mi rivedo sotto la tettoia del centro commerciale a Dublino o sdraiato sul divano a due posti nella casa del mio amico…tutto sembra così lontano, quando invece è trascorso poco più di un mese.

Siamo alla quarta ed ultima settimana di training, da Lunedì prossimo cominceremo il lavoro vero e proprio. Quando torniamo dalla pausa pranzo del Mercoledì, il trainer scozzese mi dice che sono stato convocato dall'ufficio risorse umane. Cosa avrò combinato questa volta? Vado di corsa, oramai ho capito bene dove sono localizzati i vari uffici.

Ad aspettarmi c'è la solita ragazza bionda, oramai ci conosciamo bene e ci salutiamo come fossimo amici. Il motivo per cui mi ha convocato è che il team Quality vorrebbe offrirmi la posizione per la quale mi ero candidato, ovvero quella di Quality Assurance per il mercato italiano e per il mercato spagnolo del nuovo servizio che inizierà Lunedì. Il passaggio a questo ruolo vuol dire maggiori responsabilità, ma anche un bell'aumento di stipendio, quasi 300 euro in più ogni mese. Sono molto contento, non tanto per l'aspetto economico, ma soprattutto per il fatto che sono stato premiato per la prima volta in vita mia per ciò che ho studiato, per essermi laureato, per aver studiato spagnolo ed inglese e per essere un autodidatta in MS Excel. In Italia mi sembrava che studiare stesse diventando più che altro un piacere personale e non un qualcosa che mi permettesse di migliorare la posizione lavorativa; non vedevo più riscontro "più studi = più opportunità lavorative hai", invece qui in Irlanda sì. Per questo motivo mi viene voglia di studiare sempre di più per migliorarmi e come lo faccio io, lo fanno in tanti; alla fine è tutta la nazione a trarne beneficio.

La ragazza responsabile dell'ufficio risorse umane mi fa firmare il nuovo contratto e mi dice che prima di iniziare nel mio nuovo ruolo devo completare il training con gli altri ragazzi. Sono contento, mi sarebbe dispiaciuto lasciare questo bel gruppo da un momento all'altro.

Anche questa importante giornata lavorativa, che mai dimenticherò, è finita.

Mentre torno a casa mi rendo conto che sto camminando a tre metri di altezza, ancora non mi capacito del fatto che dopo poco più di un mese dall'inizio, ho già ricevuto una promozione e pensare che in Italia c'è chi non la riceve nemmeno dopo tanti anni di servizio. Sono sincero, ho avuto anche una buona dose di fortuna, ma mi prendo anche il merito di essermi preparato per farmi trovare pronto, nel posto giusto ed al momento giusto.

Per festeggiare Venerdì al pub offro la birra agli altri ragazzi del gruppo italiano ed anche ad un paio di ragazze spagnole che ho conosciuto la prima settimana. Ho già un buon numero di amici ed è bello sapere che chi ti cerca lo fa perché gli piace la tua compagnia e non per abitudine come succede quando vivi da tanto tempo nella stessa città.

Vivendo sempre nello stesso posto ti può capitare di uscire con delle persone con cui sei cresciuto, ma lo fai, più per abitudine che per un reale interesse di trascorrere veramente del tempo con loro. Chi frequenta gli stessi amici dall'infanzia o chi vive in un contesto molto piccolo dovrebbe provare almeno una volta nella vita questa sensazione.

Inizia il fine settimana, relax e divertimento in previsione, infatti Giovanni ed io siamo stati invitati ad un party universitario.

L'invito arriva da una ragazza spagnola che è a Cork col Progetto Leonardo e che abbiamo conosciuto in una delle nostre serate nei pub. Il party è divertente, c'è molta gente da diverse nazioni del mondo, ci sono anche due ragazzi indiani. Alla fine della serata sono esausto, ma ho sufficienti energie per constatare che Cork non è assolutamente la città noiosa e poco multiculturale come credevo che fosse quando ero appena arrivato, ma anzi è una città piena di iniziative dove non ci si annoia mai.

Il Lunedì inizia una nuova settimana lavorativa ed inizio nel mio nuovo ruolo. A dire la verità, va tutto a rilento. Il servizio per cui fornirò il supporto qualità è totalmente nuovo, per cui non sappiamo bene come muoverci. Le poche istruzioni che arrivano dalla Finlandia e dagli Stati Uniti non sono chiare, valutare qualcosa o qualcuno senza che ti spieghino bene che metro di valutazione utilizzare è tecnicamente molto difficile. Nonostante queste problematiche sull'inizio dei lavori, il rapporto fra me e le due ragazze del team è molto buono, si respira un'aria rilassata.

La mia spensieratezza termina quando mi comunicano che dalla prossima settimana inizierà con noi una nuova ragazza che, seppure spagnola di Santiago de Compostela, seguirà i mercati francese e portoghese. Lei parla quattro lingue fluentemente ed è una delle più brave impiegate del team per il quale lavora attualmente. Questa notizia un po' mi allarma, non vorrei arrivasse una persona che destabilizzasse questa pace che si è creata nel nostro team; dopotutto se è così brava come dicono potrebbe pretendere di avere più voce in capitolo e, essendo madrelingua, potrebbe anche arrivare a "rubarmi" il mercato spagnolo.

Quando il Lunedì mattina della successiva settimana arrivo in ufficio, lei è già lì che lavora. Abbiamo libertà di entrare in un orario che va dalle 8 alle 9 del mattino e dal momento in cui "timbriamo" il cartellino elettronico, partono le otto ore lavorative. Solitamente arrivo alle 8,30 o massimo 8,40, mentre lei arriva alle 8 in punto. Capisco che mi sto trovando di fronte la classica impiegata perfetta e ho il timore che sarà dura anche andare d'accordo con lei. Dopo aver preso il solito cappuccino nel bar aziendale, vado al suo desk (la sua scrivania) e mi presento. Si chiama Dolores, è una ragazza paffuta, con un dolce sorriso "stampato" in faccia. Dopo poco mi chiede cosa c'è da fare e le spiego che ancora il lavoro non ha propriamente preso il via per cui non siamo molto impegnati. Non sapendo cosa fare cominciamo a parlare e piano piano lei si scioglie, fino quando arriva a dirmi che è contenta che io sia un ragazzo alla mano, aveva paura di trovarsi di fronte un collega antipatico o il classico impiegato perfetto. Quando mi racconta delle sue paure scoppio a ridere perché erano le stesse che provavo anch'io fino a qualche minuto prima nei suoi confronti. Scendiamo a prendere un altro caffè insieme. Quindi, dopo averla conosciuta, capisco che non solo l'ambiente del team non peggiorerà, ma molto facilmente ho incontrato una ragazza simpaticissima con la quale sarà un vero piacere collaborare.

I giorni passano ed il vero lavoro comincia ad arrivare.

Decidiamo i metodi di valutazione e come fornire ai ragazzi il supporto per migliorarsi. Ascoltiamo le loro telefonate, le valutiamo in base a degli schemi che abbiamo creato e settimanalmente provvediamo ad incontrarci con ognuno di loro per cercare di istruirli. Tutto fila liscio, gli unici diverbi li ho col team leader spagnolo, o meglio, francese: è un ragazzo di Bordeaux che lavora però per il team spagnolo. È una persona con degli evidenti problemi caratteriali ed in pochi riescono ad andarci d'accordo. Il suo comportamento crea delle frizioni nel suo team e lo si nota anche dalle loro prestazioni, tanto che, quando quest'ultimo viene sostituto da un'altra team leader, tutti quanti fanno segnare un notevole miglioramento.

30 Maggio, è il giorno del mio compleanno, il primo che passo all'estero lontano da casa. Anche se non è la prima esperienza all'estero, non mi

era ancora mai capito di festeggiarlo in un'altra nazione. È Venerdì e due giorni fa ho avvisato i ragazzi che avrei avuto il piacere di passare la serata allo Shelbourne, ovvero il pub vicino all'ufficio dove ci ritroviamo ogni Venerdì pomeriggio. Vengono in molti, ci divertiamo come sempre; ad un certo punto arrivano due ragazzi italiani con un pacco regalo.

Rimango sorpreso, non me lo aspettavo proprio, sono emozionato.

Non pensavo che sarebbero arrivati a tanto; qualsiasi cosa contenga questo pacco, sarà sicuramente un regalo apprezzatissimo!

Lo apro: è una giacca impermeabile, mi servirà per l'estate irlandese che è fresca e molto piovosa, anche se ancora non posso saperlo. Oggi però c'è un gran sole e penso che chi afferma che l'estate irlandese è solo pioggia e freddo, lo dice solo perché non è calda come quella italiana o spagnola, ma può essere comunque considerata accettabile.

Mi ritrovo a letto, la giornata del mio compleanno è terminata e mi ha lasciato degli ottimi ricordi: sapere che delle persone che fino a due mesi fa nemmeno conoscevi, hanno voluto festeggiarti è un ottimo attestato di stima e rispetto.

Sono passati pochi giorni dal mio compleanno ed oggi arrivano di nuovo i miei genitori, questa volta però non da soli, ci sarà anche mia sorella. È il primo volo della sua vita e, sapendo quanta paura ha di volare, capisco che sforzo enorme sta facendo pur di venirmi a trovare. Rispetto alla prima volta che sono venuti la mia situazione è totalmente differente: ora ho un lavoro, una casa e tanti amici.

Li porto in giro per la città; la conosco meglio e posso mostrargli gli angoli più significativi. Organizziamo una cena italiana con tutti i miei colleghi ed altri ragazzi conosciuti in città, come ad esempio il ragazzo napoletano che mi ha ospitato per diversi giorni a casa sua e che si è commosso davanti alla mortadella che i miei genitori hanno portato come regalo. Mia madre prepara pasta al sugo con basilico, fagioli con salsicce e dei taglieri con fette di salame e prosciutto, anche questi portati dall'Italia. Non c'è nulla da fare, siamo italiani e quando ci troviamo all'estero sentiamo tanto la mancanza dei nostri prodotti tipici.

Le giornate con loro passano velocemente, ma prima che ripartano faccio in tempo a dirgli che mi hanno confermato le ferie e che quindi passerò 5 giorni in Italia a fine Agosto. Sono felicissimi per questa notizia e già cominciano con il conto alla rovescia.

È bello salutarsi sapendo quando ci si rivedrà.

Siamo arrivati al 20 di Giugno, oramai sono più di due settimane che il tempo è pessimo. Pochi giorni dopo il mio compleanno, in pratica più o meno da quando è arrivata la mia famiglia, il sole non si è più fatto vedere e la pioggia è scesa almeno per due o tre ore ogni giorno. Queste precipitazioni hanno fatto scendere la temperatura di almeno cinque gradi portandola sui quindici e la giacca che mi hanno regalato per il compleanno è utilissima. Spero che sia soltanto un lungo periodo di brutto tempo e che a Luglio ci sia una sorta di estate. Purtroppo però la mia speranza scema col passare dei giorni. Sono nato in una città di mare e questa condizione climatica mi fa soffrire molto. Amo l'estate, la spiaggia ed il caldo. Oggi è Domenica, sta diluviando così tanto da non poter mettere naso fuori di casa, anche l'ombrello non serve a nulla in giornate come questa. Mi collego a Facebook per passare un po' di tempo, ma nessuno dei miei amici italiani è online, fa troppo caldo in Italia per restare a casa. Scorro fra le loro bacheche e leggo frasi del tipo "muoio dal caldo", "oggi l'aria è irrespirabile" o "datemi un condizionatore, vi prego". Anche se sono frasi di lamentela, non so cosa darei per stare al sole al loro posto. Il clima è uno dei fattori che più "mi pesano", sono abbastanza metereopatico e la pioggia influisce negativamente sul mio umore.

Cerco di fare mente locale sul motivo per cui sono venuto qui, quali sono gli obiettivi che voglio raggiungere e cosa sarei ora se fossi rimasto in Italia…ma in giornate come questa è difficile pensare a queste cose.

A proposito di caldo, la mia ragazza, o forse ormai ex ragazza, visto che ci sentiamo sempre meno mi manda una foto di lei nuda a letto con scritto "qui si muore di caldo", è ovvio che lo fa per cercare di riaccendere qualcosa che col passare dei giorni si sta affievolendo, ma oggi non è proprio giornata. Non sento molto la sua mancanza, devo essere onesto, credo che sia dovuto anche al fatto che da quando sono partito ho sempre avuto tanti pensieri in testa e poco tempo per pensare a lei. Ogni tanto qualche messaggio, una veloce chat e poco più.

Volente o nolente, emigrare all'estero ti cambia molto.

Finalmente arriva la fine di Agosto ed è quindi giunta l'ora di godermi la prima settimana di ferie. Metto l'ultima cosa in valigia e mi dirigo verso la stazione da dove prenderò l'autobus che mi porterà, prima al centro di Dublino e poi all'aeroporto. Il volo è previsto per le ore 13, speriamo non ritardi, non voglio perdermi nemmeno un istante della mia famiglia, dei miei amici e del buon clima. Appena salgo sull'autobus vengo preso da una strana sensazione, è la prima volta che ci salgo da quando mi sono trasferito definitivamente a Cork e da quando ho iniziato a lavorare. L'ultima volta che ho fatto questa tratta, avevo più dubbi che certezze; non sapevo se mi sarei trovato bene al lavoro e se mi sarebbe piaciuto vivere nella città di Cork. Ora, invece, sono felice e molto fiero di me e delle mie certezze.

Come spesso mi capita durante i voli aerei mi addormento; a svegliarmi ci pensa la musichetta della Ryanair che sta ad indicare che siamo atterrati in orario.

Scendo dalle scalette e noto che è una bellissima giornata di sole.

Non sentivo così caldo da diversi mesi, sono ancora con la giacca che uso generalmente in Irlanda…comincio a sudare. Che bella sensazione avere caldo…

Ad aspettarmi all'aeroporto c'è tutta la mia famiglia al completo, è venuto anche mio zio da Bologna. Gli abbracci sono forti e sinceri, anche se sono passati solo due mesi da quando sono venuti a trovarmi in Irlanda.

Il rivederci in Italia fa un effetto strano, ancora più particolare.

Chiedo di partire subito, il mio sogno ora è di tornare presto a casa, cambiarmi ed andarmi a buttare in mare, il mio amato mare.

Mentre siamo in macchina penso a come sarà cambiata la mia città durante la mia assenza, cosa avranno da raccontarmi i miei amici ed a quante novità troverò.

Che emozione rivedere il "mio" mare, non è assolutamente il più bello che abbia visto, ma è quello dove sono cresciuto, dove ho passato l'infanzia, dove ho fatto i miei primi bagni e che sempre mi farà tornare in mente bei ricordi.

Per questa sera ho chiesto a mia madre di preparare una buona cena, a base di prodotti tipici italiani come del buon olio d'oliva, verdure saporite (e non di "plastica" come quelle che mi sono abituato a mangiare in Irlanda), salumi, formaggi, pasta e dell'ottimo vino.

Il giorno successivo lo passo interamente al mare, dalla colazione fino all'ora dell'aperitivo, e dopo cena esco con i miei amici.

Appena li incontro è una gran festa, abbracci, pacche sulle spalle e tanti sorrisi. Cominciamo a parlare, o meglio comincio a raccontare alcune delle tante cose che ho fatto in questi mesi, difficoltà e soddisfazioni. Quando chiedo loro di raccontarmi le loro novità, noto invece che non hanno molto da dirmi. Stessi problemi al lavoro, stesse lamentele, stessi posti che frequentano e stessi racconti.

Allora riprendo a parlare io; sono un fiume in piena: la bellezza di lavorare in un ambiente multiculturale, i problemi nell'ambientarsi in una nazione anglosassone, la felicità del ricevere subito una promozione grazie agli studi effettuati, la difficoltà di sopportare un clima così brutto e tanti altri aspetti. Mentre sono preso dai miei racconti, leggo nelle facce dei miei amici una sorta di mancanza di interesse, ma non perché non vogliano ascoltarmi, ma perché manca loro quel qualcosa di "vissuto" che gli faccia apprezzare appieno le cose che sto raccontando. Chi apprezza davvero le mie parole sono solo le persone che in qualche modo hanno affrontato un'esperienza simile, e non sono molte.

Mentre parlo comincio a sentire un leggero fastidio alla schiena. Decido di andare a letto, anche se è relativamente presto, domani voglio alzarmi di buon ora per farmi un'altra bella giornata di mare. Quando arrivo a casa però faccio una brutta scoperta, quel fastidio che cominciavo a sentire non era altro che il primo sintomo di un'importante scottatura. Infatti la mattina dopo mi sveglio, vado allo specchio e la pelle delle spalle ha un pessimo aspetto. Questo vuol dire due cose: la prima che la settimana al mare è già terminata e la seconda, che non avrei mai creduto di dover ammettere, che anche la mia pelle si sta "irlandesizzando".

Sono sempre stato un ragazzo abituato al mare ed al sole, anche a quello più cocente di Cuba e Messico; ora invece devo stare molto attento ad espormi. Per otto mesi la mia pelle ha visto in rarissime occasioni il sole, per cui ha perso tutta la protezione naturale. Evidentemente non ce ne rendiamo conto, ma in Italia prendiamo il sole anche in inverno, sarà sicuramente un sole debole che non scalda, ma comunque la nostra pelle lo riceve. In Irlanda, invece, eccetto rari casi, il sole è sempre coperto da un pesante strato di nuvole.

La settimana continua fra cene in casa e con amici, qualche passeggiata al mare, tenendo la maglietta, e tanti bei giri in bicicletta. Girando per le strade sento i rumori che vengono dalle case con le finestre aperte, una televisione accesa, il tintinnio delle posate mentre si apparecchia la tavola, i pianti dei bambini e mi faccio anche allietare dai profumi che escono delle cucine.

Quanto mi sono mancati questi rumori e questi profumi!

Sono piccolezze, eppure mi sono mancate tanto e non lo avrei mai detto prima di lasciare l'Italia.

Una sera esco con la mia, oramai ex, squadra di calcetto. Hanno chiuso il campionato all'ottavo posto, metà classifica. Ad un certo punto della serata mi si avvicina uno dei ragazzi e mi dice: "Stefano, io ti invidio". Lo guardo un po' perplesso e gli chiedo il perché di questa frase. Mi spiega che ogni giorno che passa odia sempre di più il suo lavoro, l'atmosfera che si è creata con i colleghi è insopportabile, è diventato tutto un farsi i dispetti a vicenda per accaparrarsi le grazie del capo e con lo stipendio che percepisce è pure costretto a vivere ancora con i genitori. Nonostante questi aspetti della sua vita che non tollera più, non riesce a trovare quel coraggio necessario per affrontare una decisione come quella che ho preso io qualche mese fa e per questo motivo mi invidia.

Lo ringrazio per i complimenti che mi sta facendo e lo invito a trovare quegli stimoli che gli permettano di abbandonare la paura e prendere il toro per le corna.

È vero, ci sono tanti ostacoli da superare quando si prende la decisione di cambiare vita così radicalmente, ma poi tutto si risolve con la giusta determinazione e soprattutto con la giusta preparazione. Si vive solo una volta e non ci si può rassegnare così facilmente senza lottare.

Sono arrivato all'ultimo giorno di ferie. Prima di partire avevo provato ad immaginare questo giorno, chiedendomi quanto sarebbe stato difficile ripartire, salutare di nuovo la mia famiglia ed i miei amici; in fin dei conti, invece, non mi sento triste per niente, anzi sono quasi felice di tornare in Irlanda.

Lì ho iniziato un percorso che mi piace, mi sento vivo, sento che più faccio, più vengo valorizzato; vivo in un ambiente internazionale ed ogni volta che incontro delle persone, queste hanno qualcosa di interessante da raccontarmi. In questi giorni trascorsi in Italia, mi sono invece reso conto che tutto ristagna, è fermo e che le persone hanno una tendenza a lamentarsi, senza cercare una reale soluzione ai problemi. Mi è proprio sembrato come se qualcuno avesse "messo pausa" nella vita della mia città italiana, in maniera che al mio ritorno potessi ritrovare tutte le stesse situazioni che c'erano prima della mia partenza.

Al mio rientro in Irlanda le cose procedono tranquillamente senza alti o bassi. Il lavoro continua a piacermi; quasi ogni giorno imparo qualcosa di nuovo. Il mio dipartimento è situato vicino a quello IT, cioè Information

Technology, quindi ho anche l'opportunità di carpire qualche segreto informatico. L'unico aspetto che non mi soddisfa è il mio livello di inglese. In ufficio parlo più che altro con Dolores in spagnolo e a casa, vivendo con Stefano, parlo italiano.

Decido quindi di fare qualcosa, ovvero cambio casa e ne cerco una con coinquilini che non siano né italiani né spagnoli.

Cerco su diversi siti e anche sulla bacheca interna dell'azienda dove spesso dei colleghi inseriscono la ricerca di coinquilini per condividere casa. Passano diverse settimane, non riesco a trovare nulla che soddisfi le mie esigenze, ma non c'è problema, a casa con Stefano mi trovo più che bene ed affronto questo cambiamento solo per avere più occasioni di parlare in inglese. Un giorno ne parlo con una collega del dipartimento vicino, mi dice che un suo amico tedesco è alla ricerca di un coinquilino e ci mette in contatto.

Vado a vedere la casa, è grande, con un ampio salone, cucina, tre camere da letto e con altrettanti bagni. La camera a disposizione non è molto spaziosa, ma carina con un letto king-size, ovvero quello che in Italia viene chiamato matrimoniale. L'altra persona che vive in quella casa è una ragazza francese. Ci penso un po' ed alla fine accetto e mi trasferisco. La nuova casa è veramente carina, ma col passare dei gironi capisco che, nonostante i coinquilini siano di nazionalità tedesca e francese, non ho mai occasione di parlare in inglese, per cui il vero scopo del cambio di casa, fallisce miseramente. Il ragazzo tedesco vive in pratica nella sua camera, non lo vedo mai in giro per casa se non per qualche minuto, quando va alla porta a ritirare il cibo che ha ordinato. Non l'ho mai visto cucinare, ha sempre mangiato solo ed esclusivamente cibo consegnato a casa e non so come sia possibile che con questo sistema non si sia già rovinato il fegato. La ragazza francese, invece, è un vampiro: ha scambiato il giorno per la notte, la sento uscire di casa alle 11 di sera e tornare quando sto per andare al lavoro. Non ho mai ben capito come faccia a mantenersi. Una notte, verso le tre o forse quattro, suonano alla porta. È la polizia, l'agente sta sorreggendo a fatica la ragazza. È completamente ubriaca e, forse, non solo ubriaca. Il poliziotto ci chiede se è vero che vive con noi e se siamo la sua famiglia. Rispondiamo che è vero che è una nostra coinquilina, ma alla fine dei conti non la conosciamo molto bene. Con l'aiuto del ragazzo tedesco la portiamo in camera sua.

Il giorno dopo ci comunica che lascerà la casa.

Nonostante questi piccoli problemi con i nuovi coinquilini, l'esperienza irlandese continua ad essere fantastica ed il tempo vola.

Arriviamo così al Christmas Party, festa natalizia organizzata dalla ditta. Anche questa è una delle tante novità per me, non ero mai stato ad una festa natalizia e mai nemmeno ad una festa offerta da un datore di lavoro in generale. Parteciperanno tutti , anche i super capi internazionali, per cui credo che sarà una festa molto formale: infatti ci hanno chiesto di vestirci con abbigliamento elegante.

Speriamo solo che non sia troppo noiosa.

La serata prevede un aperitivo a base di un cocktail molto dolce, simile al vin brûlé, cena e dopocena con musica. Il tutto gratis per noi dipendenti e si svolge in uno degli hotel più importanti e lussuosi della città. Mi organizzo con Giovanni e altri due ragazzi per andare, tutti insieme rigorosamente in taxi, anche questo pagato dall'azienda. Appena arriviamo notiamo una lunga fila per l'aperitivo. Detta in questa maniera si potrebbe pensare all'aperitivo all'italiana con bevande e cibo da stuzzicare, invece c'è solo il cocktail e niente più.

È ora della cena; tutti a tavola. Il pasto prevede solo un piatto unico, si può scegliere fra due combinazioni, io opto per il cosciotto di maiale con sopra la salsa gravy, purè e piselli al vapore.

Il cibo, come immaginavo, non è il massimo e anche la qualità del vino è veramente bassa, ma questa sera tutto fa festa.

Una volta terminata la cena, arriva il momento del discorso dei capi.

Ringraziano tutti per l'impegno profuso durante tutto l'anno, parlano dei risultati ottenuti e degli obiettivi per l'anno successivo. Alle loro spalle scorrono sulla parete alcune slides che raccontano ciò che di più significante è successo ai dipendenti a livello personale, tipo le foto di qualcuno che si è sposato, qualche bimbo nato o qualcuno che è rientrato da un periodo di aspettativa per fare un importante viaggio.

Alla fine del discorso ringraziano di nuovo tutti quanti. Queste sono state le ultime parole prima che la gente si desse alla pazza gioia e si scatenasse. Musica rock, cravatte sfilate e lasciate ai tavoli, balli sfrenati e soprattutto tanto, ma tanto, alcool. Il bar è aperto e gratuito, ora capisco perché tutti sono venuti in taxi. Gente che avevo visto fino a quel momento solo in ufficio con faccia seria e professionale, ora la ritrovo in uno stato confusionale che balla in mezzo alla pista. Per me è tutto strano, ma allo stesso tempo molto divertente. Ciò che più mi colpisce è il fatto che anche i capi più importanti si stiano ubriacando senza alcun controllo. Qui in Irlanda durante le feste è normale eccedere con l'alcool per cui lo fanno senza remore e senza vergogna. La serata finisce con molte persone, fra cui tanti manager, caricate sui taxi e riportate a casa di peso, mentre noi del team italiano andiamo in un fast food…a noi la cena non ci ha soddisfatto.

Riesco ad ottenere quattro giorni di ferie, così da passare il 24 ed il 25 Dicembre a casa con la mia famiglia. È già passato un anno da quando feci la sorpresa ai miei genitori regalando il viaggio aereo; un anno pieno di emozioni e di progressi. Quest'anno niente voli nascosti nei pacchetti regalo, ma tanti oggetti particolari provenienti dalla verde Irlanda. Il 29 faccio rientro a Cork, dove passerò insieme a Giovanni ed altri ragazzi italiani la notte dell'ultimo dell'anno. Decidiamo di fare una cenetta tutti insieme a casa di Lidia per poi uscire a fare un giro dei pub. Non ci sono molte feste organizzate come usa da noi in Italia; le uniche differenze con le altre notti normali sono che i pub possono restare aperti un'ora di più e che a mezzanotte si festeggia per qualche minuto.

Per il resto gli irlandesi si ubriacano come se fosse una notte di un qualsiasi fine settimana.

Non passerò mai più il 31 Dicembre in Irlanda, ho deciso!

IL SECONDO ANNO

Il secondo anno inizia subito con una novità.

Siamo attorno al 20 di Gennaio quando ricevo una telefonata dallo stesso recruiter che mi aveva aiutato a trovare lavoro qui a Cork. Noto subito che la ragazza che parla è sempre la stessa, ma riesco a capirla molto più facilmente, il mio listening sta migliorando.

La telefonata ha lo scopo di informarmi che l'agenzia sta selezionando personale per una multinazionale americana del settore informatico con sede a Johannesburg, in Sud Africa. Hanno considerato il mio cv attinente ai requisiti che stanno richiedendo per cui ora mi invieranno un'email con una scheda introduttiva dell'azienda e dell'offerta lavorativa.

Comincio a viaggiare con la mente, penso a come potrebbe essere la mia vita a Johannesburg, ma prima di farmi troppi film in testa, vado a leggere cosa esattamente mi vogliono proporre.

L'azienda per cui dovrei lavorare è molto famosa a livello internazionale; mi offrirebbero un bello stipendio (soprattutto considerando il basso costo della vita in Sud Africa), appartamento ed un volo all'anno a/r per l'Italia.

La proposta non è assolutamente male sotto l'aspetto economico. Comincio a valutare tutti gli eventuali pro e contro: il bel clima che mi fa molto gola, un'esperienza di vita molto significativa ed un lavoro per una ditta molto importante, aumentando così il valore del mio curriculum. D'altro canto c'è la lontananza e soprattutto il fatto che gira voce che il Sud Africa sia una nazione pericolosa, specialmente, dicono, per chi è di pelle bianca.

Ho una settimana di tempo per decidere se accettare o meno la loro proposta. Il caso vuole che in questi sette giorni incontro due persone che in qualche modo hanno qualcosa a che fare con il Sud Africa.

La prima è una barista del pub dove andiamo spesso: la sorella ed il suo fidanzato finlandese si sono trasferiti a Johannesburg qualche mese fa e in tutta sincerità, hanno ammesso di non trovarvicisi troppo bene. L'altra persona è un amico di una mia collega spagnola; la cugina di questo ragazzo vive da un anno nella città sudafricana ed anche lei racconta che la vita fuori dall'ufficio non è molto serena e personalmente vive sempre con mille paure. Passeggiare da soli a piedi può essere pericoloso ed è sempre meglio muoversi in macchina.

La settimana è piena di pensieri, andare o non andare? Cork o Johannesburg? Alla fine decido di rimanere qui; sento che ancora posso continuare ad imparare in questo posto di lavoro dove mi trovo e la vita sociale mi piace sempre di più. Prima o poi riceverò altre proposte interessanti, non devo aver fretta ed in più sento che il Sud Africa, nazione del mio idolo Nelson Mandela, incrocerà di nuovo la mia vita in futuro. Dopo aver comunicato all'agenzia di recruitment la mia risposta negativa, rifletto su come il "mio mondo" si sia notevolmente allargato.

Fino a poco più di dodici mesi fa potevo permettermi al massimo di valutare due offerte di lavoro decisamente poco gratificanti fra due quartieri della mia città, ora invece valuto due ottime posizioni lavorative in altrettanti continenti.

Come dicevo, uno dei motivi che mi hanno trattenuto a Cork è la sua vita sociale, quella vita sociale che mi spaventava così tanto agli inizi. Ora mi diverto molto, ogni fine settimana vado ad almeno un party dove conosco persone nuove e questo è proprio ciò che cercavo. Le persone con cui riesco a stringere amicizia più facilmente sono italiane e spagnole; non c'è nulla da fare, abbiamo un modo di ragionare e di divertirci molto simile ed entriamo in sintonia molto facilmente. Molto diverso invece è il rapporto con gli irlandesi, ne ho conosciuti tanti ormai, ma con nessuno di loro sono riuscito a stringere un'amicizia profonda. Forse l'unica eccezione è rappresentata da Ciaran, il coinquilino della mia amica Marcella, una bellissima ragazza pugliese. Lui è un artista, espone in alcune mostre in città ed è veramente una persona interessante. Il motivo per cui sono riuscito ad instaurare con lui un rapporto più profondo è proprio perché è abbastanza diverso dal classico irlandese. Amo gli irlandesi, sono un popolo gentile e molto accogliente, ma alcuni di loro hanno il problema che per divertirsi devono ubriacarsi.

Siamo agli inizi di Marzo del mio secondo anno in Irlanda. Una mattina arrivo in ufficio e come sempre vado a prendere il caffè al bar mentre attendo che il computer si accenda e carichi i vari programmi che utilizzo per lavorare. Al rientro, fra le prime cose che controllo c'è la mia casella di posta elettronica dove trovo un'email della manager di tutta la struttura segnata con il simbolino "MOLTO IMPORTANTE". La apro e leggo che nel pomeriggio, più precisamente alle ore 3pm, ci sarà una riunione alla quale siamo tutti invitati a partecipare. Non so perché, ma non mi piace.

Arrivano le ore 3 del pomeriggio, ci spostiamo tutti nella sala conferenze, siamo tanti. La manager inizia a parlare e con l'aiuto di alcune slides ci mostra come la situazione economica dell'azienda sia peggiorata in tempi brevissimi ed il futuro non sia assolutamente roseo. Per questo motivo hanno deciso di entrare in un periodo di redundancy.

Cosa vuol dire? Che dal momento in cui viene comunicato, l'azienda ha trenta giorni di tempo per decidere chi licenziare e, dal momento in cui comunicano chi sono gli sfortunati che hanno perso il posto di lavoro, partono i loro ultimi trenta giorni. Chiunque può essere licenziato, dal top manager all'ultimo degli arrivati. I motivi che possono far ricadere la scelta su una persona piuttosto che su un'altra possono essere tanti, dal taglio di stipendi alti, al taglio di persone che non hanno un ruolo importante; dal taglio degli ultimi assunti, al taglio di chi non può ricoprire più ruoli. Essendo così tanti i criteri di scelta, nessuno può stare tranquillo, ovviamente me compreso. Quindi da un momento all'altro mi ritrovo con la consapevolezza che fra sessanta giorni (30+30) potrei non avere più un lavoro.

Ogni strada prevede dei tratti in pianura ed altri con discese e salite impervie.

La notizia rende il mio umore molto più instabile; la tensione che crea la paura di non avere più un lavoro e dover ricominciare a cercarne un altro, mi fa perdere quella serenità che negli ultimi dodici mesi avevo conquistato con le unghie e con i denti.

Intanto però la vita va avanti. Sono di nuovo alla ricerca di una casa; ora che siamo rimasti io ed il ragazzo tedesco, mi sembra di vivere da solo, ma con tutti gli aspetti negativi del vivere con qualcun altro. Tutte le proposte viste fino ad ora non mi hanno entusiasmato, però il caso vuole che questa mattina, mentre parlavo della mia ricerca con un collega spagnolo, mi dice che lui fra qualche giorno si trasferirà in una nuova casa molto grande e sta cercando un terzo inquilino. Ci accordiamo per andarla a vedere insieme questo pomeriggio dopo il lavoro. La casa mi piace sin da subito. È veramente grande, ha un bel parcheggio davanti all'ingresso, un bellissimo giardino sul retro ed è composta da quattro piani: al piano terra c'è una cucina molto spaziosa, al primo piano il salone ed il bagno, al secondo la camera del ragazzo spagnolo e la camera disponibile, al quarto ed ultimo piano la stanza dell'altro ragazzo che è di nazionalità polacca. Mi innamoro subito di questa casa e confermo il mio trasferimento.

Un'altra delle tante cose che imparo vivendo a Cork è che le agenzie immobiliari irlandesi non sono abituate a consegnare le case pulite; infatti nonostante ci avessero garantito la pulizia della casa, abbiamo dovuto ripulirla da cima a fondo, impiegando una settimana intera. Le due cose che più mi hanno sconvolto sono state le condizioni del forno e la vegetazione del giardino. Il forno aveva un paio di dita di grasso nel fondo: gli anglosassoni sono abituati ad usarlo come se fosse un barbecue, facendo così colare tutto il grasso senza mettere qualcosa sotto. Il giardino invece aveva piante morte, legna oramai marcia ed attrezzi arrugginiti. Nell'attesa che qualcuno venisse a ritirare tutti questi rifiuti, li abbiamo accumulati nel salone e ci siamo accorti che il livello di questa spazzatura ricopriva più della metà di tutta la stanza. Comunque sia, a parte questi "piccoli" dettagli, la casa è adorabile. È luminosa, spaziosa ed anche abbastanza calda.

Fra il trasferimento nella nuova casa e la sua pulizia, i giorni passano molto velocemente. Arriviamo così al fatidico e temuto giorno in cui la ditta comunicherà chi resterà e chi invece dovrà abbandonare il lavoro. Entro in ufficio, le facce sono molto tese, soprattutto quelle di chi ha famiglia e vive a Cork da anni o se non da sempre; per loro rimanere senza lavoro sarebbe ancora più dura.

I minuti trascorrono lentamente, non abbiamo ricevuto nessuna comunicazione ufficiale.

Le persone continuano a fare il proprio lavoro, ma la testa è sempre lì.

Verso le 11 arriva un'email indirizzata a tutti i componenti del mio team Quality, dove ci viene comunicato che alle ore 3pm avremo un incontro di gruppo con l'ufficio delle risorse umane.

E ora chi riesce a resistere fino alle 3 senza notizie???? Saranno quattro ore lunghissime.

Cerco di calmare Dolores, è convinta che sarà lei una delle persone licenziate. Purtroppo nessuno ha dei dati per poterla rassicurare, ma allo stesso tempo tutti cercano di farla rilassare. Lo stomaco è chiuso, sono troppo agitato e preoccupato, non riesco proprio a pranzare.

Finalmente arrivano queste fatidiche 3 del pomeriggio. Entriamo nella meeting room dove ci era stato dato l'appuntamento. I manager ed i responsabili dell'ufficio Risorse Umane ancora non ci sono; hanno cinque minuti di ritardo.

Eccoli finalmente entrare. È curioso come ognuno di noi cerchi di interpretare le loro espressioni facciali per capire se stanno per comunicarci una buona o cattiva notizia.

Prende la parola la manager del nostro team: "mi scuso per avervi fatto attendere così tanto, ma sono comunque felice di potervi comunicare che è stato deciso che nessuno di questo team perderà il posto di lavoro."

Sospiro di sollievo generale! Dopo aver atteso la fine del discorso, ci dirigiamo tutti al bar a prenderci un caffè. Ne approfitto pure per pranzare; ora che mi sono rilassato mi si è aperta la classica voragine nello stomaco. Che bello sapere che non è ancora arrivata l'ora di cercarmi un altro lavoro, posso continuare a crescere in questa azienda nella quale ho anche coltivato tante belle amicizie.

La vita in Irlanda torna quindi a proseguire regolarmente, la pioggia continua, il lavoro continua, la vita nella nuova casa procede regolarmente, anche se è sorto un piccolo o grande problema, dipende dai punti di vista. Il coinquilino polacco non si sta comportando molto bene. È un ragazzo, anzi, vista la sua stazza direi ragazzone e anche molto immaturo. È alto più di un metro e novanta, muscoloso ed amante delle arti marziali. Lavora come buttafuori in un night-club in città (per chi non lo sapesse, nelle nazioni anglosassoni per night club si intendono le nostre discoteche e non i locali con le ragazze che si spogliano come intendiamo noi in Italia). I suoi orari sono molto diversi dai miei e da quelli del ragazzo spagnolo, esce alle otto di sera e torna, generalmente ubriaco, verso le sei del mattino. Ciò che è insopportabile del suo comportamento è che in casa mostra un totale disinteresse e menefreghismo nei nostri confronti. Quando rientra dopo le sue serate, e le sue bevute, si ferma in cucina a fare colazione abbandonando i vestiti a terra e lasciando anche la cucina sporca.

Quando si convive con altre persone c'è sempre il rischio di potersi imbattere in coinquilini del genere.

Le cose peggiorano di giorno in giorno; quando gli parliamo ci promette di migliorare per poi invece comportarsi come sempre. Non avere un clima disteso in casa è difficile da tollerare, svegliarsi la mattina e trovare tutte le sue cose in giro è sempre più insopportabile. La fortuna vuole che dopo quattro mesi di questa convivenza, decida di andare a vivere con la sua nuova fidanzata.

Dobbiamo quindi cercare un nuovo coinquilino. Riceviamo tante richieste visto che è una casa molto carina. Alla fine optiamo per un ragazzo spagnolo che già conosciamo e sappiamo essere una bravissima persona. Si chiama Miguel, ha sui quarantacinque anni, è di una cittadina fra Santiago di Compostela e Vigo, ed è molto educato. Subito entro in sintonia. Da quando si è trasferito, la casa è tornata ad essere quell'ambiente rilassante come dovrebbe essere sempre. Miguel è anche molto bravo con i lavoretti "fai da te" e riesce a rendere la casa ancora più carina ed usufruibile. Decidiamo di organizzare ogni primo sabato del mese un pranzo internazionale al quale partecipano ragazzi della Galizia, irlandesi, russi, baschi ed io come unico rappresentante dell'Italia. Ogni mese "cucina" una nazione diversa preparando dei piatti tipici. Quando è il mio turno preparo delle bruschette con pomodoro, spaghetti con sugo al basilico ed il tiramisù. Niente di speciale per noi, ma per loro invece è stato un pranzo formidabile, tanto che gli irlandesi mi hanno consigliato di aprire un mio ristorante, quasi quasi...

Più passano i giorni e più entro in confidenza con Miguel, diventiamo amici stretti, usciamo spesso insieme o passiamo le serate in casa a guardare il calcio spagnolo o film in inglese.

Al lavoro va tutto bene ed in casa mi sento a mio agio, non potrei chiedere di più. Ogni tanto torno a riflettere su come sarebbe stata la mia vita se non avessi preso questa decisione…e mi vengono i brividi.

Arriva il mese di Luglio; in una mattina di pioggia, tanto per cambiare, riceviamo un'email dove tutti veniamo invitati a partecipare ad un'assemblea generale. Esattamente come era successo qualche mese fa, ci troviamo di nuovo di fronte ad un altro periodo di redundancy. La situazione economica dell'azienda non solo non è migliorata, ma è addirittura peggiorata. Questa volta, a differenza della prima, ci propongono una scelta. Veniamo infatti invitati a scegliere fra il licenziamento di qualche persona come era successo a Marzo, oppure dare a tutti i dipendenti ventitré giorni di ferie non pagate da utilizzare entro la fine dell'anno. Si vota e alla quasi unanimità viene deciso che avremo questi giorni in più di ferie non pagate e, visto che ancora non ne ho preso nemmeno uno, significa che potrò usufruire di ben quarantaquattro giorni di ferie nei prossimi sei mesi. Prenoto subito dei viaggi: Stoccolma, Londra e due settimane in Italia, senza dirlo ai miei: voglio fargli una sorpresa.

L'unica a sapere del mio arrivo è mia sorella, così mi aiuterà ad organizzare bene la sorpresa.

Suono il campanello di casa, risponde mia sorella e dice ai miei genitori che è il suo fidanzato. Salgo le scale, mi affaccio ed aspetto che mi notino. Mia madre rimane senza parole, le scende pure qualche lacrima.

È preoccupata perché pensa che sia tornato per dei problemi, ma poi la rassicuro spiegandole come stanno le cose. Con i miei genitori vive anche mia nonna materna; purtroppo non è più autosufficiente da qualche anno. Le sono molto affezionato: quando ero piccolo giocavo spesso a casa sua, mi ricordo ancora di quando mi preparava le bolle di sapone. Era la classica nonna dolce, la nonna dei miei tempi, non so quanti bambini di oggi possono avere la fortuna di avere una nonna così.

Ora che sono in Italia vedo quanti sacrifici fanno mia madre e mia sorella per prestarle cura; non è assolutamente semplice e ci vuole tanta forza di volontà. Mi sento un po' in colpa perché, vivendo così lontano, non posso mai aiutarle e sono un nipote esattamente come lo è mia sorella. In queste circostanze mi chiedo se sia giusto essere partito ed essermi trasferito in Irlanda oppure sia soltanto un atto di egoismo non avendo tenuto in considerazione le esigenze anche delle persone a cui voglio bene. Parlando con loro capisco però di aver fatto la scelta giusta; alla fine avrei potuto aiutare poco ed è giusto che ognuno segua la propria strada, senza remore. Comunque sia, ogni volta che torno, cerco di aiutare il più possibile.

Come ho fatto anche la prima volta che sono tornato, organizzo diverse cene con amici, ex colleghi, compagni di scuola e di calcetto. È sempre bello rivedere gli amici di infanzia.

Una mattina mi capita di passare dall'ufficio postale della mia città per spedire una raccomandata. Entro, ritiro il numerino per la fila e mi siedo per attendere il mio turno. Comincio a guardare le facce degli operatori agli sportelli, le conosco tutte, sono sempre le stesse persone da una ventina d'anni abbondanti.

Ogni giorno si alzano, vanno al lavoro e da anni e anni svolgono sempre le stesse identiche operazioni. Nessuna gratificazione, nessuna promozione, nessun cambiamento. Per chi vive in Italia questa è la normalità, ma per me che oramai sto acquisendo la mentalità anglosassone, e che addirittura sono stato promosso di grado dopo un solo mese di lavoro, non lo è più.

Mia nonna questa mattina ha qualche valore sballato e deve essere ricoverata in ospedale, meglio che sia successo ora che sono qui in Italia, così posso dare una mano in ospedale o a casa.

Il giorno prima di ripartire per l'Irlanda vado con mia madre a farle visita. Resto un po' di tempo e le faccio compagnia. Manca poco all'ora di cena e decidiamo di tornare a casa. Quando siamo vicini agli ascensori dico a mia madre di attendermi un secondo e torno da mia nonna. C'è qualcosa nella mia testa che mi fa credere che sarà l'ultima volta che la vedrò. Mi avvicino al letto, le do un bacio e le sussurro "Grazie di tutto, ti vorrò sempre bene". Quando torno da mia madre mi chiede perché sia tornato indietro, ma non posso risponderle, ho le lacrime che sono sulla "porta d'uscita", se ora aprissi bocca per spiegarle, diventerei un fiume in piena.

Il giorno dopo faccio rientro in Irlanda, anche questa volta sono contento di ripartire, ho passato delle belle giornate e mi aspettano tanti altri giorni off (giorni liberi) prima della fine dell'anno. Rientro al lavoro ed i ritmi tornano ad essere quelli di sempre. Le vacanze passate a Stoccolma da solo ed a Londra con gli amici sono fantastiche e non le dimenticherò mai.

L'estate sta giungendo al termine ed arriva un momento triste, devo salutare il mio carissimo amico Giovanni che ha deciso di tornare a fare il biologo marino in Sardegna. La sua assenza mi peserà molto; avevo trovato un amico sincero, molto intelligente e simpatico. Eravamo riusciti a creare un'ottima sintonia sin dal primo momento, sin da quella sera che il nostro collega pugliese ci aveva presentato al pub. Sarà molto difficile trovare qualcuno come lui e, dopo la sua partenza, Cork, la mia Cork, non sarà più la stessa.

La vita però va avanti, come è pure giusto che sia.

La crisi in Italia sta diventando sempre più pesante e qualche mio amico mi invia delle email che sono una via di mezzo tra uno sfogo ed una richiesta di informazioni su come avessi fatto a trovare lavoro in Irlanda. Con calma e dedizione cerco di rispondere a tutti, dando più consigli utili possibile. Col passare dei giorni il numero di queste email aumenta. Ne ricevo anche da semplici conoscenti o da amici di amici.

Una notte mentre stavo prendendo sonno, mi si accende una "lampadina": perché non mettere tutte le informazioni che ho in un sito web così da poterle distribuire più facilmente? Comincio a studiare i programmi ed i linguaggi più utili per creare questo progetto. Che nome scegliere per un sito del genere? Qualcosa che abbia a che fare con l'estero, ma non voglio utilizzare la parola "emigrare", perché personalmente non mi sento un emigrato, ho sempre visto l'emigrante come qualcuno che se ne va dal proprio paese quasi controvoglia, solo per trovare quelle opportunità che la sua terra non gli regala più. Quando decisi di partire, invece, lo feci per conoscere altre nazioni, per sentirmi un cittadino del mondo e non per scappare da qualcosa. Prima di prendere questa decisione avevo un lavoro e mi piaceva pure. Quindi il nome del sito doveva avere una connotazione positiva, qualcosa che facesse riferimento alla voglia di vivere.

Così nasce Viviallestero.com.

Da oggi passo almeno due o tre ore al giorno a studiare per cercare di migliorare il mio progetto.

Appena lo metto online noto una discreta affluenza di visitatori. Questo successo mi dà ancora più stimoli per continuare.

Diventerà in poco tempo il mio hobby preferito.

Col passare dei giorni il numero di persone che vengono a conoscenza del mio sito aumenta.

Quando parlo con chi mi contatta cerco di introdurre il discorso delle prospettive future per averne una visione più ampia.

Per chi viene dal mondo del lavoro italiano è veramente difficile comprendere che possa esistere qualcuno che voglia cambiare occupazione solo perché non riesce a trovare le giuste motivazioni o perché intuisce che in quella posizione non ha più niente da imparare. In Italia viene considerato quasi immorale lasciare un lavoro per queste motivazioni. Se ad un italiano medio venisse chiesto quale offerta scegliere fra un lavoro che gli piace e che lo farebbe crescere a livello professionale, ma a contratto determinato ed un lavoro che lo annoia e non lo stimola, ma a contratto a tempo indeterminato, molto probabilmente opterebbe per la seconda opzione.

Sono le ore 5.26 del mattino, la suoneria del mio cellulare mi sveglia, apro un occhio e leggo sul display che a chiamarmi è mia madre. Non mi chiamerebbe mai a quest'ora per darmi una buona notizia, per cui mi spavento e rispondo al volo.

-"Pronto"

-"Ciao Ste, scusa se ti chiamo a quest'ora, ma mi sembrava giusto informarti subito che mi hanno chiamata dall'ospedale per dirmi che nella notte nonna ha avuto un peggioramento consistente e secondo i medici le rimangono poche ore di vita. Hanno già chiamato il prete per l'estrema unzione."

-"Immaginavo che mi avessi chiamato per questo. Tienimi aggiornato."

-"Certo."

Chiudiamo la telefonata senza dirci altro. Appena chiudo il telefono, chiudo anche gli occhi. Il pensiero va a lei, ma sono sereno e tranquillo. Il fisico la sta facendo stare male da quattro anni; è ora che la mia dolce nonnina smetta di soffrire e mia madre smetta di fare una vita da infermiera. In più se ne andrà sapendo cosa penso di lei e ciò mi rende molto più sereno. Mi riaddormento.

Al lavoro avviso che oggi starò sempre col telefono vicino in quanto sto aspettando una chiamata molto importante. Verso le 11 la telefonata arriva, scappo in bagno per rispondere.

-"Ciao Ste, è finita, fortunatamente non se ne è nemmeno accorta."

-"Meglio così. Ci sentiamo dopo."

Chiudiamo la telefonata senza nemmeno salutarci. Rientro in ufficio, comunico la cosa a Dolores ed alla mia manager. Chiedo dei giorni liberi per poter tornare in Italia e me li confermano subito, anzi l'azienda si offre di anticiparmi i soldi del viaggio nel caso ne avessi bisogno.

Quindi rientro in Italia in tempo per i funerali e resto qualche giorno per aiutare mia madre e mio zio. Le pratiche che si devono svolgere in questi momenti sono davvero poco piacevoli. Sono contento di aver potuto dare una mano, almeno per questa occasione, visto che ultimamente non ci sono mai.

Anche quest'anno mi tengo qualche giorno di ferie a disposizione per le festività natalizie, ma questa volta arrivo qualche giorno dopo per rimanere anche per l'ultimo dell'anno.

Vista l'esperienza dell'anno scorso, meglio non trascorrerlo di nuovo in Irlanda. Vengo quindi invitato a passare il 31 Dicembre a casa di amici di vecchia data: cena tutti insieme e poi in piazza per la mezzanotte. Durante la cena vengono fuori i soliti discorsi, le solite battute e le solite lamentele alle quali non seguono delle eventuali soluzioni. Non mi ritrovo più in questo tipo di discussioni.

Andiamo in piazza, a mezzanotte brindo all'arrivo del nuovo anno ed alle 00.30 sono già a letto a sognare il terzo anno in Irlanda.

IL TERZO ANNO

Il terzo anno inizia subito con una notizia negativa. L'azienda non riesce ad uscire dalla crisi e quindi, proprio il giorno in cui festeggio l'anniversario del mio arrivo in Irlanda, ci comunica che ci troviamo di fronte ad un altro periodo di redundancy, un altro taglio del personale.

Un mese di tensione aspettando di sapere quali possano essere le decisioni prese dal gruppo manageriale. Il capo del nostro team tende a rassicurarci, il nostro team è fondamentale e siamo già ridotti al minimo. Nonostante queste rassicurazioni non è semplice restare sereni. I giorni trascorrono lentamente, ci avviciniamo piano piano al momento in cui ci comunicheranno la loro decisione. La mattina del giorno della verità, vengono convocati tutti i componenti del mio team, alla stessa ora nello stessa stanza. Ci comunicano che siamo tutti salvi; il mio manager aveva ragione. Veniamo poi a sapere che, oltre a due ragazzi che secondo me, visto il loro scarso impegno si meritavano veramente di perdere il lavoro, nessun'altro è stato licenziato, in quanto dei manager importanti sono stati trasferiti da local a global. Per chi non fosse addentro a queste dinamiche, per local si intende tutto ciò che finanziariamente è a carico della sede specifica, mentre per global, ciò che è a carico dell'azienda madre. Siccome la crisi era solo "nostra", spostando questi stipendi pesanti a bilancio global, quello local si è alleggerito.

La città e la sua vita notturna cominciano a stancarmi.

Adoro casa mia e le serate trascorse a vedere le partite di calcio con Miguel o le cene con gli amici che invitiamo. Oramai sono lontani i periodi in cui ero un "Party Animal", quando amavo le feste e fare tardi. Molti degli amici se ne sono andati da Cork e faccio fatica a far amicizia con i nuovi arrivati. Far amicizia quando condividi le stesse emozioni e le stesse preoccupazioni è molto più semplice. Sentirmi adesso in sintonia con qualcuno che sta scoprendo Cork e l'Irlanda solo ora, mi risulta molto difficile; per cui sempre meno birre al pub e sempre più cene a casa…anche le mie economie ne beneficiano.

Arrivo in ufficio, come sempre accendo il computer e mi dirigo al bar per prendere il caffè. Nell'aprire la porta del bar incrocio la manager di tutta l'azienda di Cork e mi dice che mi stava cercando perché mi deve parlare. Non so cosa mi debba dire, ma sono molto curioso. Torno col mio bicchierone in mano e vado direttamente al suo ufficio. Mi fa sedere vicino lei e mi parla di una sua idea. Ultimamente ha visto i miei lavori con

Excel creati per valutare i ragazzi e per gestire i loro dati. Probabilmente sono uno degli impiegati con le migliori skills di questo software in azienda e vorrebbe che creassi un workshop (un seminario informativo) per gli altri manager che non lo sanno utilizzare molto bene. Accetto con piacere e mentre torno al mio ufficio comincio a pensare a come poterlo organizzare. Al workshop si iscrivono tanti manager, sono interessati e non sarà facile tenerlo in inglese. Invece durante quella mattina tutto fila liscio, riesco a fare degli esempi molto semplici e la gente apprezza. Mentre sto spiegando una funzione delle Pivot Table la mente si distrae e davanti ai miei occhi passa il film di quando ancora dovevo partire per l'Irlanda, pensando a quando mi avevano detto che non avrei mai potuto avere uno stipendio più alto di 750 euro al mese, a quando i miei amici mi davano del pazzo per voler lasciare tutto e partire, a quando all'aeroporto tremavo dalla paura. Ora, invece, ho davanti a me dei manager che ascoltano in silenzio ciò che ho da dire e mi ringraziano per le informazioni che gli sto dando.

Che soddisfazione!

Dopo quasi due anni dall'ultima volta tornano i miei genitori a farmi visita.

Molte cose sono cambiate, sia per me che per loro. Vivo in una nuova casa in stile molto Irish, ho più amici di diverse nazioni e Cork mi piace molto di più. Mia madre invece è più libera, non deve più fare salti mortali per trovare qualcuno che si prenda cura di mia nonna o qualche struttura che la possa ospitare. Non avendo più questi "impegni" ed essendo entrambi pensionati riescono a stare più di una settimana. Loro dormono nel mio letto ed io in sala. Tornare a casa e trovare degli ottimi pranzi e delle ottime cene pronte non ha prezzo. Col passare dei giorni mi rendo conto che sento questa casa irlandese sempre più "casa mia" e quella dei miei genitori in Italia una casa per le vacanze. Se ne vanno poco prima del mio compleanno, lasciandomi dei regali da scartare proprio durante il giorno in cui lo compirò. Per la festa del compleanno viene a trovarmi il mio amico di infanzia Cristian. Rimane entusiasta della presenza di così tanti ragazzi provenienti da tutta Europa, tutto ciò è impossibile da ottenere vivendo nella nostra città natale.

Siamo ai primi di Giugno, inizia una nuova estate o meglio, inizia un nuovo periodo in cui le temperature si dovrebbero alzare e si dovrebbero godere di più gli spazi aperti, ma in Irlanda non è proprio così. Il clima comincia a pesarmi, faccio fatica ad ammetterlo, ma è così. Inizio a prendere in considerazione l'idea di cercare lavoro in un'altra nazione ed invio la mia candidatura per un lavoro ad Atene dove sono alla ricerca di un Team Leader italiano. Anche se la persona deve avere esperienza in quel ruolo, rimangono comunque colpiti dal mio Curriculum Vitae e mi chiedono di effettuare un colloquio via Skype. Lo sostengo ed, evidentemente, lo supero, visto che ne organizzano subito un altro, ma questa volta con un manager americano. Alla fine dei colloqui mi arriva via email la loro proposta di lavoro. Mi offrono una posizione da Team Leader per un servizio di una società che produce software antivirus, servizio che però deve ancora cominciare. I lati positivi di questa proposta sono quello di poter cambiare città e nazione per cui conoscere gente nuova, e quello di avere un ruolo che mi permetterà di apprendere nuove skills e migliorare il mio cv. I lati negativi invece sono quello economico, dato che lo stipendio è decisamente inferiore a quello che percepisco attualmente, ma quello che meno mi convince è il fatto che venga specificato che, seppure il contratto preveda 40 ore lavorative alla settimana, bisognerà lavorarne di più, in quanto il team leader deve impostare questo nuovo servizio da zero. Le ore extra non verranno pagate. Diciamo un trattamento "all'italiana" e non ci sono più abituato. Comunque sia ho un po' di giorni per decidere. Se accetto, mi pagheranno il volo aereo per andare a firmare il contratto.

Sono notti lunghe, devo decidere se fare il grande salto o meno. Mi farebbe bene lasciare una Cork che non mi regala più emozioni, ma allo stesso tempo l'ambiente lavorativo è straordinario, difficilmente riuscirei a ricreare qualcosa di simile. Ad esempio, durante le pause del mattino e del pomeriggio abbiamo organizzato un gruppo molto eterogeneo e stimolante composto da persone interessanti, simpatiche e che sono tra i migliori professionisti che ci siano in circolazione. Ci sono Dolores e Silvia di Santiago de Compostela, Alessandro marchigiano come me, Martin slovacco e Patricia di Cadiz. Lavorare in un ambiente del genere è veramente piacevole. Anche per questo motivo decido di rifiutare l'offerta di Atene e restare a Cork.

Non appena decido di rifiutare questa opportunità ricevo la comunicazione che la ditta è entrata nuovamente in un periodo di redundancy. Questa non ci voleva, giusto il tempo di rifiutare un'offerta e subito rischio di perdere il lavoro attuale. La metodologia è sempre la stessa, per cui restiamo in "sospeso" per trenta lunghissimi giorni. A mettere il carico da novanta questa volta ci pensa la nostra manager che, a differenza delle altre, ora non può darci buone notizie. La ditta ha da poco perso il più grande cliente che aveva per cui ora hanno un notevole esubero di personale e dovranno mandare a casa diverse persone. Cerco di prendere questa notizia con filosofia, penso che nella peggiore delle ipotesi sarà come una spinta per fare un ulteriore cambiamento alla mia vita che ancora non sono riuscito ad affrontare e, visto che contando i giorni, chi viene licenziato lavorerebbe fino al 30 di Luglio, potrei passare tutto il mese di Agosto al mare per poi iniziare la ricerca di un nuovo lavoro.

Il mese di attesa è finito ed arriviamo al giorno in cui ci comunicano le loro scelte. Siamo tutti appesi ad un filo, la tensione in ufficio è palpabile. Questa volta non veniamo convocati tutti insieme, ciò sta ad indicare che qualcuno del nostro team riceverà una brutta notizia. Una bella notizia può essere comunicata contemporaneamente a tutti i componenti del team, mentre una brutta, giustamente, va data singolarmente al diretto interessato. Si inizia con Martin, il ragazzo slovacco che ha moglie ed una figlia di due anni. Esce dalla stanza con un sorriso enorme in volto, è salvo. Dopo di lui è il turno di altri colleghi, che in verità non lavorano con noi, ma fanno comunque capo alla nostra manager. La maggior parte esce tranquilla, qualcuno però col morale a terra. A seguire chiamano Dolores, la collega con la quale ho il miglior rapporto, siamo diventati amici stretti. Entra, sta qualche minuto e quando esce ha il viso viola. Torna al suo posto vicino al mio, si siede e scoppia a piangere. Purtroppo lei è una delle persone che ha perso il lavoro. Vado a consolarla anche se forse avrei bisogno anch'io di essere consolato, perché, anche se mi daranno una buona notizia, venire al lavoro senza di lei non sarà più la stessa cosa.

Ecco che pronunciano il mio nome, mi affretto, sono troppo curioso di sapere quale sarà il mio destino. Entro nella stanza, saluto i grandi capi, chiudo la porta e mi siedo. Con facce sorridenti mi comunicano che non solo sono lieti di continuare ad avermi come loro dipendente, ma vogliono anche propormi un nuovo ruolo per un nuovo servizio che inizierà fra qualche mese. Sorrido, ma dentro di me capisco che non è una notizia che mi rende felice al 100%. Ringrazio ed esco. Comunico agli altri quello che mi hanno detto e Dolores riprende a piangere, non perché sperasse che licenziassero pure me (ci mancherebbe altro, mi vuole troppo bene) ma perché ha realizzato che alla fine sarà l'unica persona del nostro team a dover lasciare il posto di lavoro e ciò la fa sentire come fosse l'ultima ruota del carro, la meno brava. Anche se tutti sappiamo che la realtà è ben diversa e che Dolores è una bravissima lavoratrice, la capisco perfettamente; a chiunque sorgerebbe un dubbio del genere in questo preciso momento.

La riduzione dei costi però non finisce qui, infatti il giorno dopo ci comunicano che entro poco tempo trasferiranno gli uffici in un'altra zona della città. La sede attuale è in pieno centro, su tre piani e con canteen (ovvero la mensa) privata, mentre dove ci trasferiremo sarà abbastanza fuori dal centro, avremo un solo piano a nostra disposizione e la canteen sarà condivisa con un'altra ditta.

Avere l'ufficio in centro era veramente comodo, in quindici minuti a piedi ero al lavoro e fra andare e tornare passeggiavo come minimo quella mezz'ora che mi faceva molto bene.

Il nuovo ufficio è raggiungibile in bus, la fermata è a dieci metri da casa mia e mi lascia esattamente davanti all'ingresso dell'ufficio. La conseguenza di questo cambiamento è la poca possibilità di camminare e il conseguente aumento di peso.

Dopo pochi giorni dal trasferimento scopriamo che lavorare per una multinazionale può nascondere dei lati negativi, infatti non era vero che la ditta aveva perso quel cliente importante, ma aveva soltanto affidato quel servizio ad un loro ufficio situato in Asia, togliendolo quindi al nostro di Cork. È facile capirne il motivo: il costo del personale è molto più basso rispetto a quello europeo, ma è anche vero che la qualità del servizio si abbassa notevolmente. Quando si lavora per una multinazionale bisogna essere pronti anche a questi cambiamenti…c'est la vie. Quindi questo è il vero motivo per cui Dolores è stata licenziata ed a me hanno affidato un nuovo ruolo di ticket analyst. Per quale mercato e per quale cliente me lo comunicheranno in futuro, perché attualmente sono in fase di ristrutturazione.

Un pomeriggio dopo il lavoro vengo invitato da Dolores e la sua coinquilina a casa loro per un paio di birre. È una bellissima giornata di sole ed in Irlanda non puoi certo fartele sfuggire. Oltre a loro due, in casa c'è anche Rebeca , una ragazza di Murcia che aveva vissuto a Cork, ma che ora è tornata in Spagna per lavorare nella ditta del padre. È una ragazza bella ed affascinante, la tipica spagnola mora con occhi neri. Scambiamo due chiacchiere piacevoli. Il giorno dopo rimango d'accordo con lei e Dolores che ci saremmo visti alla festa della birra organizzata in un pub del centro. Mentre le aspetto vedo arrivare solo Rebeca. Dolores è a casa con un tremendo mal di denti e lei è voluta venire lo stesso per salutarmi, visto che domani mattina ripartirà per la Spagna. Ci scambiamo i contatti Facebook, email e telefonici. Per un po' di tempo non ci sentiamo, dopotutto non ha nemmeno molto senso dato che viviamo così distanti. Un pomeriggio mentre ero su Facebook, vedo una sua foto appena pubblicata, metto il like e la commento. Dopo qualche istante mi scrive un messaggio privato per ringraziarmi del commento e cominciamo a parlare. Da quel momento troviamo sempre una scusa per sentirci almeno una volta al giorno, per poi passare a sentirci anche su Skype. L'interesse era reciproco, decidiamo quindi di incontrarci per passare un paio di giorni da soli a Dublino. In questi giorni passati insieme troviamo un'ottima sintonia e prima che lei riparta decidiamo che dopo due settimane andrò a trovarla a Murcia. Le cose procedono molto bene, lei mi aiuta pure ad eliminare quei piccoli errori di lingua spagnola che ancora commetto, tanto che qualcuno comincia a scambiarmi per un madrelingua. Riusciamo a vederci per qualche giorno ogni tre settimane, una volta viene lei da me ed una volta vado io da lei.

Il suo ingresso nella mia vita porta una ventata d'aria fresca e l'essere lontano da lei mi fa pesare ancora di più la piega monotona che sta prendendo la mia vita sociale a Cork. Per questo motivo comincio a guardarmi attorno, controllo le offerte di lavoro presenti sul mio sito e cerco di capire dove potrei trasferirmi per migliorare la mia carriera. La scelta non è facile, ho trenta anni e mezzo per cui devo decidere bene quali passi fare, non posso buttarmi alla cieca come potrebbe fare un ventenne e non posso nemmeno permettermi di buttare all'aria l'esperienza fatta in Irlanda con tutti i suoi sacrifici. Come succede a tante persone non ben informate, mi sono convinto di una regola che invece non rispecchia la realtà, ovvero che il visto Working Holiday VISA per l'Australia non lo si possa richiedere una volta compiuti i trenta anni. Parlando con un'agenzia che vuole pubblicizzarsi sul mio sito Viviallestero.com, scopro invece che lo si può richiedere prima di aver compiuto il trentunesimo compleanno, quindi sono ancora in tempo per farlo. Andare in Australia sarebbe un cambiamento molto importante, la distanza sarebbe tanta e le incognite pure. Il clima però è molto invitante soprattutto dopo tre anni passati in Irlanda. Faccio delle ricerche online e scopro che trovare lavoro non è difficile, ma lo si può trovare soltanto una volta aver messo piede in territorio Aussie; i dubbi quindi rimangono. Oggi è una di quelle giornate in cui la pioggia non ti lascia scampo, anche l'ombrello è del tutto inutile. Nonostante il bus mi lasci a venti metri dal mio ufficio arrivo bagnato come un pulcino e la stessa cosa succede al rientro a casa. Non ne posso più di questo clima. Entro in doccia, mi lavo con acqua bollente, mi vesto e mi metto al pc. Sono sul sito del governo australiano e fisso la pagina della richiesta del visto Working Holiday. Dopo averci pensato un po' su, decido di iniziare la pratica, tanto posso bloccarla in qualsiasi momento. La completo con tutti i dettagli e arrivo fino all'ultimo step, quello del pagamento. Metto la richiesta in sospeso e ci penso un po'. È una decisione difficile da prendere, oramai Cork è casa mia, sono stati tre anni pieni di emozioni, fondamentali per la mia carriera. Inoltre ho stretto delle amicizie molto importanti, fra le quali quella con Miguel, il mio coinquilino che in pratica è diventato la mia famiglia.

Che faccio? Cerco di elencare tutto i pro ed i contro, ma alla fine sono ancora più confuso di prima. Ci dormirò sopra. Appena chiudo gli occhi penso a tutti quei momenti in cui ero in Italia, quando decisi di lasciare lavoro, famiglia e ragazza per migliorare il mio futuro ed iniziare una nuova vita in giro per il mondo. Sento che qui a Cork le mie possibilità di crescita sono giunte quasi al termine e se ho preso questa difficile decisione di lasciare tutto e partire una volta, perché non lo posso fare di nuovo? Mi alzo, accendo il pc, riprendo la pratica e la completo col pagamento.

La mattina dopo mi sveglio pensando a quanto ci metteranno a valutare la mia richiesta ed eventualmente a rilasciare il visto. Una settimana? Due? O forse un mese? Non ho idea.

Oggi al lavoro è una giornata come quelle che stanno trascorrendo nelle ultime tre settimane, ovvero con poco da fare. La riorganizzazione dell'azienda ancora non è stata ben definita e non mi hanno assegnato niente di impegnativo. Mi convinco sempre di più che aver richiesto il visto per l'Australia sia stata proprio la scelta giusta. Torno a casa, cerco di rilassarmi un po'; i pensieri di ieri non mi hanno permesso di dormire bene la notte passata. Mentre preparo la cena, entro nella mia posta elettronica e noto che c'è un'email da parte del governo australiano. Immagino che sarà la conferma della ricezione della mia richiesta e niente di più. L'apro e con mia grande sorpresa leggo che invece è la conferma del visto; me lo hanno già accordato. Che velocità! Quindi ora il dado è tratto, rimane solo da decidere quando partire e come organizzarmi.

Uno dei problemi del vivere in una nazione dove la lingua è abbastanza diversa dalla tua è quella di non potersi esprimere sempre come si vorrebbe. Per quanto ci si migliori, parlare come un madrelingua è molto difficile, soprattutto quando ci troviamo in situazioni nuove e dobbiamo trattare un tipo di linguaggio mai utilizzato prima.

Una di queste situazioni mi è capitata quando ho avuto un fraintendimento col nuovo coinquilino irlandese. È arrivato da pochi mesi in casa, lo avevamo scelto perché era un ragazzo colto, educato e divertente, poi però la crisi del lavoro irlandese lo ha travolto. Dopo poco tempo si ritrova a passare dall'avere una posizione molto rispettabile in un'azienda farmaceutica con ottimo stipendio e tanti benefits come auto e telefono, al restare a casa solo con la disoccupazione e nessuno che lo chiami per un'altra posizione. Entra in un periodo di depressione, si chiude dentro la sua camera ed esce solo quando Miguel ed io non siamo in giro per casa. A volte, invece, migliora e partecipa alle nostre cene e party. Ogni volta che gli facciamo conoscere qualcuno, soprattutto se è una ragazza, cerca in tutti i modi di "farsi piacere" e di ricevere complimenti, classico comportamento di chi ha bisogno di ricaricare la propria autostima. Di questo passo però ottiene il risultato contrario, ovvero quello di risultare pesante ed invadente. Un giorno gli presento una ragazza che avevo appena conosciuto. Come sempre cerca di fare il simpatico e di attirare la sua attenzione, ma ad un certo punto mi scappa una battuta che, ad essere sinceri, era infelice, ma del tutto innocente. Avendo lui in questo periodo poca autostima, la prende come un insulto e scoppia il finimondo. Siamo in cucina, aspetta di rimanere solo con me per attaccarmi. Mi urla contro dicendomi di tutto, diventa rosso in volto e mi chiede di chiarire la situazione. Un po' perché urlava ed un po' perché non mi aspettavo di trovarmi in una situazione del genere, ma sta di fatto che non capisco bene cosa mi stia dicendo ed è veramente imbarazzante chiedergli spiegazioni.

Ora immaginate la situazione in cui qualcuno vi urli qualcosa con fare minaccioso e voi lo fermate chiedendogli: "scusa, cosa vuol dire quella parola che hai appena detto?". Alla fine facciamo finta di chiarirci, ma in verità l'attrito fra noi due non se ne andrà mai più.

Visto che mia madre adora Cork, decide di tornare insieme a mio padre per l'ultima volta prima che io lasci l'Irlanda. Questa volta, lavorando lontano da casa, non avrò modo di gustarmi i suoi buoni pranzetti e potrò stare con loro solo la sera. Come sempre è un piacere averli qui e poterli portare in giro per la città.

Proprio il giorno dopo la loro ripartenza, l'azienda ci comunica che ci sarà un altro periodo di redundancy, il quarto in meno di due anni. Questa volta per me non è affatto una notizia così negativa. Ho già deciso che me ne andrò alla fine dell'anno e se fossero loro a mandarmi via, mi darebbero anche una buona uscita che mi farebbe molto comodo in Australia.

Ultimamente il mio ruolo non è ben definito, anzi diciamo proprio che non ho molto da fare, nonostante tutte le promesse di nuovi progetti e servizi che mi volevano affidare. Il dipartimento di Risorse Umane, che non ha più la gentile ragazza che mi aveva assunto, ci comunica che sicuramente una persona del nostro team perderà il posto di lavoro. L'indiziato numero uno quindi sono io, non ho ancora un ruolo ben definito e quelle poche persone rimaste hanno dei ruoli fondamentali. Quando in ufficio escono questi discorsi, faccio finta di essere dispiaciuto, ma la verità è che vorrei davvero essere io ad essere lasciato a casa. Quando racconto ai miei amici rimasti in Italia che vorrei essere licenziato mi prendono per pazzo (di nuovo).

Con la mia ragazza spagnola organizziamo il fine anno e l'inizio del nuovo. Passeremo il 31 Dicembre in Italia e poi andremo insieme in Spagna dove resterò fino alla partenza per l'Australia. I "rumors" in azienda si fanno sempre più insistenti sul fatto che sarò io il "prescelto" e quindi continua la mia finta preoccupazione.

Arriviamo al giorno in cui ci comunicheranno le loro decisioni. Ci arriva un'email dove tutto il team viene convocato per le ore 11 nella meeting room. La notizia mi scuote, potrebbe voler dire che alla fine saremo tutti salvi, ma l'ufficio Risorse Umane ci aveva detto chiaramente che almeno una persona del nostro team sarebbe stata sacrificata. Non possono di certo prendersi gioco dei loro dipendenti tenendoli inutilmente sulle spine per un mese ...

Le 11 non arrivano mai, sono secondi ed istanti interminabili. Veniamo finalmente convocati, arriviamo nella stanza, ma non c'è nessuno ad aspettarci. I minuti passano, ci guardiamo senza capire. Siamo tutti tesi, gli altri per un verso ed io per un altro. Dopo una quindicina di minuti arriva la manager, sembra di corsa. Si siede e si scusa per il ritardo dicendo "scusatemi tanto per i minuti di ritardo, ma porto buone notizie, quindi so che mi perdonerete. La ditta è riuscita a limitare le perdite e siamo quindi riusciti a salvare tutto il vostro team". C'è chi tira un sospiro di sollievo (gli altri) e chi sprofonda (io). L'opportunità di andarmene con una buona uscita sfuma in un secondo. Chiamo Rebeca, anche lei è incredula, chiamo mio padre che, invece, è contento per la notizia:

evidentemente non aveva ben afferrato il concetto, lo avevo detto che per gli italiani era difficile da capire. Rimane però il fatto che sono fiero di aver passato indenne tutti e quattro i periodi di redundancy.

Continuo quindi a lavorare normalmente fino al 15 di Dicembre, giorno in cui lascerò l'Irlanda. Lavorerò fino all'ultimo giorno, anzi, fino all'ultima ora, visto che uscirò dall'ufficio alle 17.30 e alle 20 ho il bus che mi porterà all'aeroporto di Dublino. Il Sabato prima organizzo a casa il mio leaving party (party che generalmente si organizza per festeggiare una partenza o quando una persona lascia un lavoro). È emozionante vedere quanta gente partecipa e anche quanti sacrifici qualcuno fa pur di riuscire a venire. C'è chi chiama la baby sitter per farsi tenere i bambini e c'è chi si fa ospitare per godersi la festa senza doversi rimettere alla guida subito dopo. Il party prevede la cena, il dopo cena e tanta birra per tutti. A sorpresa viene anche Rebeca dalla Spagna. Una festa completa che inizia alle 7 del pomeriggio (orari irlandesi) e finisce alle 9 del mattino dopo (orari spagnoli).

L'ultimo giorno di lavoro è un susseguirsi di sorprese ed emozioni. Il collega marchigiano e quello slovacco si sono occupati di organizzare un pranzo a sorpresa al fast food nel centro commerciale vicino (non c'è altro nelle vicinanze). Dolores e le altre ragazze si occupano dei regali.

Durante il pranzo mi consegnano un piccolo pupazzetto di plastica a forma di canguro, mentre verso la fine della giornata, al ritorno dal break pomeridiano mi fanno trovare disteso sulla scrivania un enorme peluche a forma di coccodrillo. È veramente gigante, diciamo che le dimensioni sono quasi in scala 1:1 come un vero coccodrillo.

Arriva il momento di chiudere anche questo capitolo importantissimo della mia vita; saluto tutti senza potermi dilungare più di tanto: ho le ore contate. Salgo sul bus, anzi saliamo sul bus, io ed il coccodrillo gigante. Arrivo a casa e scopro che il coinquilino irlandese è già uscito appositamente per non dovermi salutare...meglio così. Con Miguel invece ci abbracciamo, un abbraccio intenso e lungo, ma tanto la nostra amicizia non finirà di certo oggi.

Controllo di aver preso tutto e mi dirigo verso la stazione degli autobus dove prendo il bus per l'aeroporto.

Solo quando il mio volo decolla, realizzo che questa fantastica avventura è giunta veramente al termine.

CONCLUSIONI

L'esperienza in Irlanda mi ha totalmente cambiato, non solo per le cose che ho imparato a livello professionale, ma soprattutto perché ho avuto la possibilità di capire chi fossi, quanto valessi e cosa volessi fare nella mia vita.

Vivere in un ambiente dinamico e meritocratico ha riacceso in me quella voglia di fare e di studiare che in Italia si era sopita.

Scrivere questo libro mi è servito anche per analizzare ed interiorizzare tutti gli avvenimenti che hanno composto questi tre anni fantastici vissuti a Cork in Irlanda.

I punti più importanti di questa fantastica esperienza sono principalmente tre: l'inizio, lo studio ed il lasciarsi trasportare.

L'inizio è stato sicuramente il momento più duro da superare. È proprio quando ancora non hai certezze, non hai amici e ti manca la famiglia che devi tirar fuori tutta la forza e l'entusiasmo che hai dentro. Non possiamo permetterci di tornare indietro; dovremmo pensare a cosa ci riserverebbe la nostra vita se rinunciassimo: ritroveremmo tutte quelle situazioni e quegli aspetti negativi che ci fecero decidere di partire, anzi, sarebbe ancora più triste perché avremmo la consapevolezza di averci già provato, senza però riuscirci.

Lo studio e la preparazione sono alla base del successo di un'esperienza del genere.

Come avrete potuto leggere, inizialmente il mio inglese non era il massimo e al primo colloquio ho ricevuto una sonora batosta. Solo l'averlo migliorato mi ha permesso di ottenere i risultati che volevo. Inoltre, l'aver studiato spagnolo ed essermi applicato tanto per migliorare le mie capacità con la gestione dei database, mi hanno permesso di fare subito carriera.

Andiamo in una nazione dove la meritocrazia viene tenuta in considerazione e allora facciamogli vedere quanto valiamo!

Ultimo punto, ma non meno importante: lasciatevi trasportare dagli avvenimenti.

Non partite con un progetto troppo delineato ed a lungo termine; in un'esperienza del genere può capitare che i vostri piani vengano stravolti in ogni momento, per cui pensate solo a raggiungere un traguardo alla volta e non andate troppo in "là" con la mente. Lasciatevi trasportare da ciò che la vita vi riserverà.

Vi assicuro che viaggiare vi farà sentire vivi come non mai.

NOTE SULL'AUTORE E CONTATTI

Sono Stefano Piergiovanni, ideatore ed amministratore di Viviallestero.com, sito nel quale pubblico tanti consigli ed offerte di lavoro per chi vuole andare a vivere all'estero. Sono nato nel 1979 a Senigallia, in provincia di Ancona, e all'età di 24 anni ho affrontato le mie prime esperienze all'estero: prima ad Akumal in Messico e poi a Costa Adeje nell'isola canaria di Tenerife. Queste due esperienze non sono state molto positive, ma mi sono servite per capire che se avessi voluto realizzare i miei desideri professionali, avrei assolutamente avuto bisogno di una laurea in Economia e di una buona conoscenza della lingua inglese. Così, dopo essermi laureato in Economia del Turismo presso l'Universitá di Rimini ed aver vissuto per tre mesi in Irlanda del Nord grazie al Progetto Leonardo, sono partito per Dublino.

Dopo l'esperienza irlandese che racconto in questo libro, mi sono trasferito prima a Sydney in Australia e poi a Città del Capo in Sud Africa.

Tutt'ora sono impegnato nell'organizzazione di diversi progetti per aiutare gli italiani che vogliono trasferirsi e cercare lavoro all'estero.

Se mi volete contattare, questi sono i miei contatti:

Email: stefano@viviallestero.com

Facebook: https://www.facebook.com/stefano.viviallestero

Twitter: https://twitter.com/viviall_estero